POLÍTICA

PARA MENTES INQUIETAS

Edición sénior Georgina Palffy
Diseño e ilustración Kit Lane
Equipo editorial sénior Selina Wood,
Camilla Hallinan, Hannah Dolan, Ann Baggaley
Diseño e ilustración adicional Guy Harvey
Iconografía Sarah Hopper

Edición ejecutiva Francesca Baines
Edición ejecutiva de arte Philip Letsu
Edición Andrew Macintyre
Dirección de arte Karen Self
Subdirección editorial Liz Wheeler
Dirección de la edición Jonathan Metcalf
Producción (preproducción) Robert Dunn
Producción Jude Crozier

Diseño de cubierta Akiko Kato, Tanya Mehrotra
Dirección de desarrollo de diseño de cubierta Sophia MTT
Diseño DTP Rakesh Kumar
Coordinación editorial de cubiertas Priyanka Sharma
Edición ejecutiva de cubiertas Saloni Singh

De la edición española
Coordinación editorial Cristina Gómez de las Cortinas
Asistencia editorial y producción Malwina Zagawa

Servicios editoriales Moonbook
Traducción adaptada Daniel Odevaine López

Publicado originalmente en Gran Bretaña en 2020 por
Dorling Kindersley Limited, DK, One Embassy Gardens,
8 Viaduct Gardens, London, SW11 7BW
Parte de Penguin Random House

Título original: *Heads Up Politics*
3.ª reimpresión: 2022

ISBN 978-0-7440-2707-5

Impreso y encuadernado en Dubái

www.dkespañol.com
Para mentes curiosas

POLÍTICA
PARA MENTES INQUIETAS

ESCRITO POR
**SIMON ADAMS, ELIZABETH DOWSETT, SHEILA KANANI,
ANN KRAMER, TRACEY MULLINS, PHILIP PARKER, SALLY REGAN**

ASESORADOS POR
PROF. PAUL KELLY

CONTENIDOS

FORMAS DE GOBIERNO

IDEOLOGÍAS POLÍTICAS

LA POLÍTICA
es...

La política es mucho más que el funcionamiento de un gobierno o un Estado. También tiene que ver con lo que creemos como individuos y el tipo de sociedad en que queremos vivir.

La mayoría de nosotros empezamos a conocer la política a través de nuestros familiares y amigos. Después nos llegan noticias por Internet o por los medios tradicionales. En nuestra formación para la vida adulta, las clases de Ciencias Sociales de la escuela pueden ayudarnos a entender los hechos que hay tras las noticias.

Sin embargo, la política es mucho más que el conocimiento de unos hechos. Tiene que ver con nuestras creencias y valores y de cómo los representan los partidos y los grupos de presión. Cuando se quiere cambiar algo –ya sea abordar un asunto local como los carriles para ciclistas o luchar por una causa global como la desigualdad– se muestra un interés por la política.

Nuestro entorno, nuestra cultura o el lugar donde hemos crecido influyen en las decisiones que tomamos y el partido al que votamos. Pero esa sería una visión incompleta. Algunos de los asuntos más importantes dividen a jóvenes y personas mayores. Solo hay que pensar en Greta Thunberg, una estudiante sueca que desafía a los líderes mundiales porque la emergencia climática va a condicionar la vida y el futuro de la gente joven. Los jóvenes tienden a ser menos nostálgicos y tienen más esperanza en el futuro. Por esa razón, los políticos de algunos países se están planteando rebajar la edad mínima para votar. ¿Por qué no contar con la opinión de los jóvenes de 16 años?

Este libro puede ayudar a dar sentido a las propias opiniones comparándolas con otras creencias, tradiciones e ideas políticas y filosóficas, y a conocer las principales figuras políticas. Para defender unos valores o cambiar el mundo es necesario entender los sistemas políticos y la complejidad que subyace tras las noticias que ofrecen los medios.

Espero que este libro no solo informe al lector, sino que también suponga un reto para que se cuestione sus ideas. Y lo que es más importante, espero que le ayude a tomarse la política en serio y a usar bien su voto.

Profesor Paul Kelly
Escuela de Economía y Ciencia Política de Londres (LSE)

¿QUÉ ES LA POLÍTICA?

La política no se limita a los debates del parlamento y las noticias del telediario. También tiene que ver con las decisiones que tomamos en nuestra vida cotidiana.

La política abarca cómo se organizan las sociedades, cuáles deberían ser las reglas y quién debería tener la autoridad. A un nivel básico trata de dos o más personas que trabajan juntas, superan discrepancias y toman decisiones.

Puede ser un grupo grande, como el gobierno de una nación, o un colectivo pequeño, como el equipo de baloncesto del barrio. Hay política en las actividades cotidianas, como planear un pícnic. Para que salga bien es necesario que los participantes coincidan en el objetivo y que en la toma de decisiones se incluya al máximo número de personas. También ayuda elegir a alguien que fije las normas y medie en las discusiones. Si no, puede ser un caos.

¿PARA QUÉ SIRVE LA POLÍTICA?

Las sociedades necesitan sistemas políticos para funcionar con eficacia. Hay que decidir desde cómo cuidar de las personas mayores hasta cómo reducir la delincuencia.

La ciudadanía da a los gobiernos la autoridad para tomar esas decisiones. Cómo repartir los recursos –los fondos para la policía o para la educación, por ejemplo– es una cuestión política. Si se quiere tener mejores escuelas y más bibliotecas hay que pagar más impuestos para financiarlas; si se quiere pagar menos impuestos hay que recortar algunos servicios. Hay quienes prefieren los gobiernos poco reguladores; otros agradecen la intervención del Estado en la gestión social. Entender cuáles son las prioridades e intentar satisfacer las necesidades del mayor número de personas sin ignorar las de otras están entre las tareas más importantes de un gobierno.

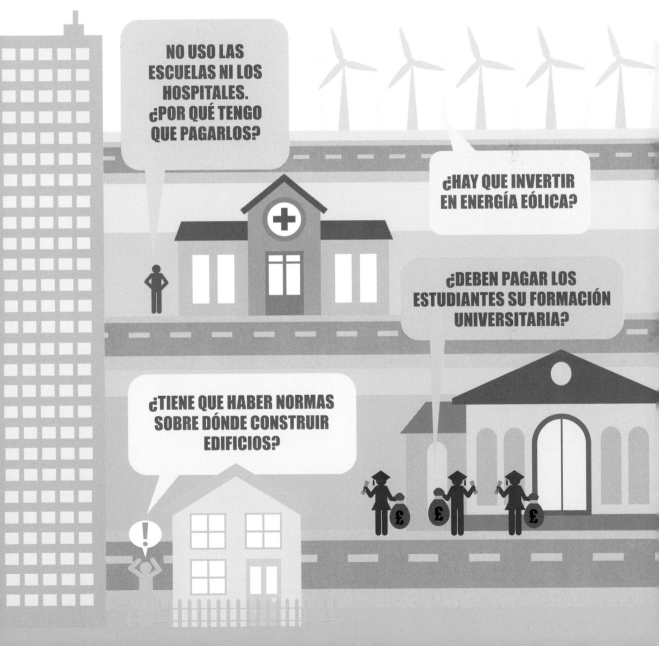

Formas de GOBIERNO

LA MONARQUÍA es...

La Revolución Francesa

LA TEOCRACIA es...

La Revolución Iraní

LA DICTADURA es...

EL TOTALITARISMO es...

Desfiles militares

LA OLIGARQUÍA es...

LA DEMOCRACIA es...

Nelson Mandela

EL ANARQUISMO es...

¿QUIÉN ESTÁ AL MANDO?

¿LA GENTE DEBERÍA PODER VOTAR CADA DECISIÓN?

¿ES MEJOR QUE UNA PERSONA DICTE TODAS LAS NORMAS?

¿ALGUNOS SISTEMAS DE GOBIERNO SON MEJORES QUE OTROS?

¿EL ESTADO DEBE MANTENER EL CONTROL A COSTA DE LAS LIBERTADES INDIVIDUALES?

¿LOS REPRESENTANTES ELECTOS REALMENTE PUEDEN REFLEJAR NUESTRAS OPINIONES?

Todos los Estados tienen gobiernos que gestionan asuntos como las leyes, los impuestos y los servicios sociales. Pero hay muchos tipos de gobiernos y la gente tiene opiniones distintas sobre cuál es el mejor.

A lo largo de la historia se ha debatido mucho sobre si debe gobernar una persona o un grupo de personas, ya sea un jefe tribal o un parlamento, o si las personas son capaces de gobernarse a sí mismas. Hoy existen tres formas principales de gobierno: el de una sola persona que toma las decisiones; el gobierno de un pequeño grupo de personas; y la democracia, en la que los ciudadanos eligen el gobierno. La forma de gobierno de un país marca la diferencia en cuanto a las libertades que tienen sus ciudadanos. Sin embargo, muchos asuntos sobre los que deciden los gobiernos, como la educación o el transporte, son similares.

> **«El soberano está sobre su pueblo de la misma manera que la cabeza está sobre el cuerpo».**
>
> **FEDERICO II EL GRANDE (1712-1786)**
> Rey de Prusia

LA MONARQUÍA es...

UNA FORMA DE GOBIERNO EN LA QUE UNA SOLA PERSONA RECIBE EL PODER POR SUCESIÓN HEREDITARIA Y LO OSTENTA DE POR VIDA

De todas las formas de gobierno, la monarquía es la más antigua. Su existencia está documentada, desde el año 3000 a.C., en Mesopotamia y Egipto. Desde entonces siempre ha habido monarcas en el mundo, aunque se conocen con diferentes títulos, como faraón, rey, zar, emperador, sultán o sah.

PODER HEREDITARIO

Los monarcas suelen ser los gobernantes únicos de sus países, aunque también ha habido corregencias. Suelen ejercer el poder hasta su muerte, aunque existen excepciones: en Malasia se elige un nuevo rey cada cinco años. La mayoría de las monarquías son hereditarias: el trono pasa de un miembro de la familia a otro, por lo general, el primer hijo varón.

En algunos países una mujer puede ser reina por derecho propio, sin casarse con un rey. En el Reino Unido, por ejemplo, la ley cambió en 2011 para que las primogénitas tuvieran derecho de sucesión al trono.

PODER LIMITADO

En la forma más pura de monarquía, el monarca toma todas las decisiones importantes, que deben ser obedecidas. En la práctica, el grado de poder ejercido por los monarcas ha variado mucho y no siempre han podido hacer lo que han querido. Los emperadores romanos, como Augusto (27 a.C.-14 d.C.), debían consultar al Senado antes de tomar decisiones relevantes.

Más adelante, el poder monárquico se limitó. En Inglaterra, el rey Juan (1199-1216) fue obligado por sus nobles en 1215 a firmar la Carta Magna, un documento que le imponía límites como la prohibición de practicar arrestos arbitrarios. Pero algunos monarcas se resistieron a esas restricciones y en el siglo XVII surgió una nueva forma de monarquía conocida como

absolutismo, basada en el llamado derecho divino, según el cual la autoridad del monarca proviene de Dios. Los reyes reclamaron el poder absoluto y gobernaron sin controles legales. Algunos, como Luis XIV de Francia (1643-1715), usaron el poder para conseguir un gobierno más eficiente. Otros fueron muy impopulares. Es el caso de Carlos I de Inglaterra (1625-1649), que fue derrocado y ejecutado, dando paso a una República en la que el poder legislativo se transfirió al Parlamento.

LA MONARQUÍA HOY

La monarquía británica se restauró en 1660, pero el republicanismo (la idea de que las monarquías deberían ser sustituidas por gobernantes electos) tomó fuerza y desencadenó las revoluciones americana (1776) y francesa (1789), y las de muchos otros países desde entonces. Hoy, un 20% de los países del mundo son monarquías, la mayoría constitucionales. Esto significa que sus monarcas están sujetos a un marco legal llamado constitución y respetan las decisiones de parlamentos electos. España es una monarquía parlamentaria desde 1978. En esta forma de gobierno, los monarcas solo tienen poder en áreas muy limitadas. Por ejemplo, la monarca británica tiene voz y voto en la designación del primer ministro para encabezar el Gobierno, pero en realidad se elige al líder del partido con mayor representación parlamentaria.

Como jefe protocolario del Estado, el monarca no participa en la política, pero actúa como símbolo de la unidad nacional y, en opinión de algunos, es preferible a un presidente electo. No obstante, existen aún monarquías absolutas, como las de Suazilandia y Arabia Saudí, cuyos monarcas tienen poder ilimitado.

En el pasado, pensadores como el griego Aristóteles (384-322 a.C.) defendieron la monarquía como una forma positiva de gobierno en la que una persona gobierna en beneficio de muchas. Aristóteles también se refirió a la tiranía como la corrupción de la monarquía.

LA REVOLUCIÓN FRANCESA

1789-1799

A finales del siglo XVIII estalló una violenta rebelión en Francia. La monarquía desapareció casi de la noche a la mañana y los revolucionarios tomaron el poder.

Antes de la Revolución, la monarquía y la aristocracia francesas vivían en la opulencia y no pagaban impuestos directos, mientras que la gente común pasaba hambre por las elevadas tasas y la escasez de alimentos. El detonante llegó en 1789, cuando el rey Luis XVI intentó subir los impuestos para pagar la enorme deuda del país. Para exigir un trato más justo, los grupos sociales más oprimidos formaron una Asamblea Nacional que representara sus intereses.

El 14 de julio de 1789, el rumor de que el rey había cerrado la Asamblea provocó graves disturbios en París. La multitud tomó la prisión de la Bastilla, odiado símbolo del poder regio. En medio del caos, la Asamblea se hizo con el control y redactó una constitución.

Luis XVI y María Antonieta huyeron pero fueron capturados. En 1792 se declaró la República Francesa y, en 1793, el rey y la reina fueron condenados a morir en la guillotina; muchos corrieron la misma suerte. En el periodo conocido como el Terror, bajo el radical Maximilien Robespierre, miles de franceses fueron ejecutados por ser enemigos de la Revolución. La reacción contra su régimen llevó al propio Robespierre a la guillotina en 1794. Tras el Terror se formó un gobierno más moderado que culminó con el ascenso al poder de Napoleón en 1799.

La toma de la Bastilla

El 14 de julio de 1789, una multitud atacó la prisión de la Bastilla, liberó a los reclusos y saqueó el polvorín. La fecha se instauró como fiesta nacional en Francia.

«Libertad, igualdad, fraternidad o muerte».

LEMA DE LA REVOLUCIÓN FRANCESA (1793)

> **«El ministerio de este reino no se le ha encomendado a reyes terrenales, sino a sacerdotes».**
> **TOMÁS DE AQUINO (1225-1274)**
> Filósofo y sacerdote italiano

LA TEOCRACIA es...

UN SISTEMA EN EL QUE LA AUTORIDAD POLÍTICA EMANA DE UNO O VARIOS DIOSES

VER TAMBIÉN:

← **Monarquía**
páginas 16-17

→ **La Revolución Iraní**
páginas 22-23

En una teocracia, un gobernante puede afirmar haber sido elegido por Dios o un grupo de líderes puede gobernar según las leyes y costumbres religiosas. En cualquier caso, los líderes teócratas creen que su derecho a gobernar tiene origen divino y no puede ser alterado por procesos políticos normales como las elecciones.

DERECHO DIVINO
Gobernar en nombre de Dios se ha usado para justificar el poder de diferentes formas. En los siglos XVII y XVIII, los monarcas europeos afirmaron que su derecho a reinar era divino, lo cual suponía que no debían rendir cuentas a un parlamento ni obedecer la ley. En China, los monarcas gozaban del llamado mandato celestial, que les daba derecho a gobernar.

No obstante, si un emperador era injusto este mandato se anulaba, lo cual daba derecho al pueblo a levantarse contra él.

A los primeros mandatarios del mundo musulmán se los consideraba sucesores (o califas) del profeta Mahoma. Las disputas sobre su sucesión llevaron a una profunda división entre los musulmanes suníes, que creían que el califa debía ser elegido por la comunidad, y los chiíes, que sostenían que el califato debía pasar a los descendientes del yerno de Mahoma, Alí. Con el tiempo, los chiíes desarrollaron una jerarquía capaz de dictar sentencias basadas en la ley islámica.

GOBIERNO TEOCRÁTICO
La naturaleza de las teocracias varía, pero en la mayoría se gobierna conforme a leyes expuestas en libros sagrados como la Torá, la Biblia o el Corán. Irán, por ejemplo, tiene un parlamento, pero las leyes que aprueba deben ser coherentes con el Corán; el líder supremo (máxima autoridad política y religiosa) puede vetar cualquier ley que considere

incoherente. En otros casos, las acciones de los gobernantes están guiadas por figuras religiosas. En Myanmar, pese a no ser una teocracia, los ataques gubernamentales a la minoría musulmana rohinyá se han debido en gran medida a presiones de los monjes budistas.

LAICISMO

Durante la Ilustración (movimiento intelectual europeo del siglo XVIII), el laicismo propugnó que la religión quedase fuera de la arena política. Esto se recogió más tarde en la Constitución de Estados Unidos, que prohíbe promulgar leyes que adopten una religión como religión oficial. Y en Francia, la Constitución prohíbe los símbolos religiosos en las escuelas. Esta separación entre Iglesia y Estado es fundamental en las democracias modernas. Sin embargo, el laicismo también se ha usado como arma contra las religiones no cristianas. En 2011, invocando el laicismo, Francia prohibió a las mujeres musulmanas llevar velo de rostro entero en los espacios públicos.

VUELTA A LA RELIGIÓN

A lo largo de la historia, casi todas las religiones han dado lugar a teocracias y en el mundo actual, todavía perviven algunas. El Vaticano es una teocracia cristiana moderna, con el papa como jefe de Estado. Hoy, la teocracia islámica verdadera es el Estado chií de Irán, donde el líder supremo y la clase clerical ejercen el poder y son los guardianes de la ley religiosa. En el Estado suní de Arabia Saudí, aunque el islam y la *sharía* (ley islámica) tienen un lugar privilegiado, gobierna un rey. En algunos países se reclama un mayor peso de la religión en el Estado. En Rusia, la Iglesia ortodoxa ha ganado importancia en los asuntos gubernamentales. En Estados Unidos hay propuestas para que el punto de vista religioso se tenga en cuenta en asuntos legales como el aborto. En países como Israel y la India los partidos políticos religiosos cada vez tienen más influencia.

LA REVOLUCIÓN IRANÍ

1978-1979

La revolución contra la monarquía autocrática y occidentalista iraní, en 1979, llevó a la creación de la República Islámica de Irán, una estricta teocracia gobernada por el clero.

Irán, descendiente de la antigua Persia, tiene una larga historia monárquica. A finales de la década de 1970, la oposición al régimen opresivo y corrupto del sah Mohamed Reza Pahlevi –visto por muchos como una marioneta de Estados Unidos– creció en un amplio sector formado por grupos izquierdistas, nacionalistas liberales e islamistas, incluidos estudiantes y muchas mujeres. Las protestas y las huelgas forzaron la huida del sah a Estados Unidos en 1979.

El ayatolá Jomeini, un importante clérigo chií, volvió del exilio y tomó el control. Se abolió la monarquía y los iraníes aprobaron en un referéndum la creación de una república islámica. Jomeini reescribió la Constitución inspirándose en el islam y se autoproclamó líder supremo de por vida. Falleció en 1989 e Irán sigue gobernado por una singular combinación de clérigos y políticos electos, aunque son los primeros quienes ejercen el poder. Las conductas «no islámicas» se castigan.

A diferencia del sah, Jomeini era hostil a Occidente. Veía la revolución como una oportunidad para restaurar la independencia religiosa y cultural de Irán tras generaciones de intromisiones occidentales. Hoy siguen las tensiones entre Irán y la comunidad internacional, sobre todo Estados Unidos e Israel.

La unidad de los disidentes

El ayatolá Jomeini saluda a una jubilosa multitud en la Universidad de Teherán, en 1979, tras pasar 14 años en el exilio. Muchos iraníes lo consideraban una figura divina.

«Ni Oriente ni Occidente. ¡República islámica!»

LEMA DE LA REVOLUCIÓN ISLÁMICA IRANÍ

> «No se instaura una dictadura para salvaguardar una revolución; se hace una revolución para instaurar una dictadura».
>
> **GEORGE ORWELL (1903-1950)**
> Escritor y periodista británico, en su novela *1984*

LA DICTADURA es...

UN SISTEMA POLÍTICO EN EL QUE UNA PERSONA DETENTA EL PODER SIN NECESITAR EL CONSENTIMIENTO DEL PUEBLO

La dictadura, un tipo de gobierno autoritario, existe cuando el poder político de un país está controlado por una sola persona, conocida como dictador. En una dictadura no se tolera ninguna forma de oposición política y el pueblo no tiene poder para sustituir al dictador.

LA TOMA DEL PODER

Los primeros dictadores gobernaron en la República romana (509-27 a.C.). Se los nombraba por razones de seguridad nacional y se esperaba que dejaran el cargo cuando pasaba el peligro. La mayoría de los dictadores de la historia reciente tomaron el poder en momentos de crisis, ante el colapso de un sistema político o el estallido de una revolución. Muchos eran líderes militares, es decir, procedían de las fuerzas armadas y gobernaron con el apoyo de estas. Por ejemplo, la dictadura del coronel Muamar el Gadafi empezó en Libia en 1969, cuando la monarquía fue considerada incapaz de resolver los problemas sociales y económicos del país.

MANTENERSE EN EL PODER

Como sus homólogos antiguos, los dictadores modernos dicen que gobernarán durante un tiempo limitado y algunos se apartan cuando pasa la crisis para dejar que vuelva la democracia. En España, Francisco Franco estuvo en el poder desde 1939 hasta su muerte, en 1975. Y aunque intentó perpetuar su régimen en la Ley de Sucesión, tras su muerte se impulsó la transición a la democracia.

Lo más habitual es que los dictadores gobiernen hasta su muerte o sean derrocados a la fuerza. Algunos, como Robert Mugabe en Zimbabue, se ven forzados a dejar el poder por las protestas públicas o por otro golpe militar. Los más poderosos inician dinastías al legar el poder a sus hijos. En Corea del Norte han gobernado tres generaciones de la familia Kim desde 1948.

IDEOLOGÍAS OPRESORAS

Ciertas ideologías políticas están estrechamente relacionadas con las dictaduras. Una de ellas es el fascismo, ideología de ultraderecha que propugna la autoridad de un solo líder y promueve el nacionalismo. En el extremo opuesto, el comunismo defiende la exclusiva autoridad política del gobierno de un partido único, idea que puede llevar al líder del partido a convertirse en dictador.

EL GOBIERNO

Aunque el poder resida en una sola persona, una dictadura puede tener la apariencia de una democracia; incluso puede haber elecciones parlamentarias. Pero en una democracia el poder emana de la voluntad popular y recae en sus representantes electos, que lo aplican, mientras que en una dictadura ni el pueblo ni el parlamento tienen poder. El dictador le dice al parlamento qué hacer y los opositores pueden ser encarcelados o ejecutados. Las elecciones siempre las ganan el partido gubernamental o sus aliados.

Las dictaduras pueden impulsar políticas que aseguren el crecimiento económico o la estabilidad política e invertir en derechos sociales como la educación. Son las llamadas dictablandas. Sus

líderes tampoco toleran la oposición y el pueblo no puede sustituirlos. En la antigua Yugoslavia, Tito lideró un régimen más benévolo en sus políticas que muchos otros regímenes comunistas, pero gestionó cuidadosamente el poder para evitar que surgiera una oposición.

LAS DICTADURAS HOY

Actualmente hay unos 50 países bajo dictaduras o regímenes autoritarios (en los que varias personas se reparten el poder autocrático). Algunos, como Venezuela, han pasado de ser democracias a regímenes presidencialistas autoritarios. Los líderes de ciertos países, como Tayyip Erdogan, presidente de Turquía, no están considerados dictadores pero han mostrado acusadas tendencias autoritarias.

«El totalitarismo apela a las peligrosas necesidades emocionales de personas que viven en completo aislamiento y se temen mutuamente».

HANNAH ARENDT (1906-1975)
Teórica política germano-estadounidense

EL TOTALITARISMO es...

UNA FORMA DE GOBIERNO MUY AUTORITARIA QUE EJERCE UN CONTROL TOTAL SOBRE TODOS LOS ASPECTOS DE LA VIDA PÚBLICA Y PRIVADA

La mayoría de nosotros tenemos control sobre nuestras vidas: cómo nos comportamos, qué pensamos y qué hacemos. En las sociedades totalitarias la gente no tiene esa libertad. El Estado controla todos los aspectos de su vida.

CONTROL TOTAL

En un Estado autoritario el poder se ejerce a expensas de las libertades individuales y la democracia. La autoridad exige obediencia a los ciudadanos. El totalitarismo va aún más lejos. Como sugiere su nombre, un Estado totalitario ejerce un control total y absoluto sobre todos los aspectos de la sociedad y sobre sus ciudadanos. Ello incluye las leyes, la economía, la educación, la cultura e incluso la conducta. Los ciudadanos no tienen derechos ni libertad de expresión sobre cuestiones políticas o de otro tipo. La autoridad del Estado es absoluta y el control se mantiene mediante la fuerza física, la intimidación, la manipulación y la vigilancia. No se admite la oposición. En Corea del Norte, el régimen de Kim Jong-un controla estrictamente cualquier aspecto de la vida.

IDEOLOGÍAS PODEROSAS

Muchas sociedades han vivido bajo dictaduras, pero el concepto de totalitarismo es bastante reciente. Surgió del caos de la I Guerra Mundial (1914-1918) y el término se usó por primera vez en la década de 1920 para definir el régimen fascista de Benito Mussolini en Italia. Mussolini acabó con la oposición política por la fuerza y trató de instaurar un Estado totalitario. El término también se aplicó a la Alemania nazi de Adolf Hitler y a la Unión Soviética del líder comunista Iósif Stalin, regímenes totalitarios en los extremos opuestos del espectro político. Ello se debió en gran medida a la obra de la teórica política Hannah Arendt, que escribió ampliamente sobre el tema. Analizando dichos regímenes, Arendt señaló que su capacidad para ejercer el control total provenía no solo de la fuerza, sino también del poder de sus ideologías, basadas en la inevitabilidad de la lucha racial en la Alemania nazi y de la lucha de clases en la Unión Soviética. La gente aceptó tales ideologías como una manera de solucionar los problemas de sus sociedades.

REPRESIÓN POLÍTICA

Un Estado totalitario está regido por un dictador poderoso, una élite dominante o un líder militar. O no hay elecciones o se manejan con cautela. El Estado ejerce el poder por varios medios, incluido el uso del terror. La policía practica la tortura y otras formas de castigo. Cualquier protesta o desafío se reprime con la máxima severidad. Corea del Norte, gobernada por tres generaciones de la dinastía Kim, es el único Estado totalitario del mundo actual. Su principal formación política, el Partido de los Trabajadores de Corea, no deja ningún aspecto de la sociedad fuera del control estatal.

CONTROL DE LAS IDEAS

Un Estado totalitario manipula a sus ciudadanos y trata de controlar las actitudes y las ideas de la gente. La libertad de expresión no existe y la prensa está sometida a censura. De hecho, el régimen controla los medios de comunicación para que divulguen solo los objetivos y las creencias del Estado. También usa la propaganda para influir en la opinión pública. La población está bajo vigilancia constante y es consciente de ser observada, lo cual asegura que esté demasiado asustada como para plantearse nada que no sea obedecer. El régimen también anima a los ciudadanos a delatar a los sospechosos de disidencia. En 1949, el británico George Orwell publicó la novela *1984,* en la que imaginaba un terrorífico Estado totalitario. El año 1984 ya pasó, pero las condiciones para el totalitarismo siguen existiendo.

«El poder militar de un país representa su fortaleza nacional».

KIM JONG-UN (n. 1983)
Líder supremo de Corea del Norte

DESFILES MILITARES

La República Popular Democrática de Corea, el régimen más autocrático del mundo, ocupa el último puesto en el índice que mide la democracia en 167 países. Este Estado totalitario exhibe su poder en los desfiles militares.

El país, más conocido como Corea del Norte, se fundó sobre las bases de la ideología comunista. Tras la II Guerra Mundial (1939-1945), la Unión Soviética tomó el control del norte de la península de Corea, y Estados Unidos, del sur. Las tropas soviéticas se retiraron en 1948, dejando Corea del Norte en manos del Partido de los Trabajadores y de su líder, Kim Il-sung.

En el país se estableció el culto a la personalidad de Kim Il-sung, el Gran Líder, que consolidó su poder realizando purgas entre los funcionarios. Le sucedió su hijo, Kim Jong-il, y a este el suyo, Kim Jong-un, en 2011.

Corea del Norte es hoy el único Estado totalitario del mundo. Está cerrado al exterior en gran medida y controla celosamente las vidas de sus ciudadanos. Los medios de comunicación sirven a la ideología Juche, basada en la autosuficiencia, el nacionalismo y el socialismo. Criticarla conlleva penas de cárcel y trabajos forzados.

Aislado desde la caída de la Unión Soviética, en 1991, el régimen ha destinado muchos de sus limitados recursos al desarrollo de armas nucleares para mostrar su fuerza y unidad. En respuesta, la ONU le ha impuesto sanciones. Incluso las relaciones con su aliado, China, se han tensado. En 2018, Donald Trump fue el primer presidente estadounidense que se reunió con un líder norcoreano.

Despliegue de fuerza

Soldados desfilando para celebrar el 70.º aniversario del gobierno del Partido de los Trabajadores en Pyongyang, capital de Corea del Norte, en 2015.

«Quienes están descontentos con la aristocracia, la llaman oligarquía».

THOMAS HOBBES (1588-1679)
Filósofo político inglés

LA OLIGARQUÍA es...

EL GOBIERNO DE UNOS POCOS PRIVILEGIADOS QUE SUELEN USAR EL PODER EN SU PROPIO BENEFICIO Y NO EN EL DE LA SOCIEDAD

A los pequeños grupos dominantes que controlan la riqueza y el poder en una sociedad se los llama oligarquías. El gobierno de una élite es similar al de una monarquía absoluta, aunque el poder se reparte entre varias personas en vez de concentrarse en una sola.

La oligarquía fue una de las formas de gobierno más comunes en las ciudades-Estado de la antigua Grecia, como Atenas. El filósofo griego Aristóteles, el primero que definió las oligarquías en el siglo IV a.C., consideraba que gobernaban según sus propios intereses; en cambio, llamaba aristocracias a las élites que gobernaban en beneficio de la sociedad.

Sin embargo, la distinción no siempre estuvo clara. En la Venecia medieval se formó una oligarquía de comerciantes en torno al dux, el magistrado supremo. Ellos habían hecho rica a la ciudad y creían que debían gobernarla. En Gran Bretaña, hasta el siglo XIX, la mayoría de los políticos provenían de unas pocas familias ricas e influyentes. Se consideraban integrantes de una aristocracia que gobernaba por el bien común, aunque los numerosos pobres, privados de un nivel de vida digno, quizás no estuvieran de acuerdo.

DINERO Y CONTACTOS

Los lazos familiares determinan a menudo quién pertenece a una oligarquía. Los mandatarios legan el poder a la siguiente generación; las personas ajenas tienen pocas posibilidades de entrar en el círculo privilegiado. Es la idea que se tiene hoy de la aristocracia. Su influencia, considerable en el pasado —especialmente en Europa, donde las clases altas monopolizaron el poder durante siglos—, es escasa hoy. Sin embargo, algunos clanes familiares siguen proporcionando líderes políticos, incluso en las democracias plenas. La posesión de gran cantidad de dinero puede bastar para que un recién llegado alcance el poder. Tras la caída de la Unión Soviética en 1991, surgió en Rusia una clase de oligarcas cuyo control de la riqueza les permitió dictar las políticas del Gobierno. Este sistema es conocido como plutocracia: los ricos ejercen una influencia excesiva en la política.

La forma de oligarquía más beneficiosa para la sociedad es la meritocracia, en la que los más capaces ostentan el poder. Un ejemplo es la burocracia confuciana que gobernó la China imperial más de mil años, hasta principios del siglo XX. Sin embargo, al poder se accedía mediante difíciles exámenes, por lo que solo los más formados tenían posibilidades.

¿QUIÉN LIDERA UNA OLIGARQUÍA?
En las oligarquías modernas suele haber un presidente o primer ministro, pero sus acciones están dictadas por el grupo según sus intereses. En ocasiones, el jefe del gobierno es también un oligarca. En otros casos, como en Rusia, los líderes políticos deben tener en cuenta los intereses de sectores que compiten por el poder, incluidos los militares y los servicios de inteligencia. Los oligarcas pueden adoptar etiquetas políticas y definirse como socialistas, liberales o conservadores, pero siempre es por conveniencia. Cuando cayó el comunismo en el este de Europa, en 1989, los oligarcas de los partidos comunistas simplemente transfirieron sus roles a nuevos partidos.

POR EL INTERÉS
Por definición, una oligarquía gobierna en beneficio propio. Sin embargo, para permanecer en el poder los oligarcas necesitan sociedades estables y prósperas. Con ello en mente, pueden hacer concesiones a personas ajenas a la élite o permitirles acceder al círculo de poder para reducir la oposición. También suelen promover políticas en pos del crecimiento económico. No obstante, quien intente disputarles el poder hallará una fuerte resistencia.

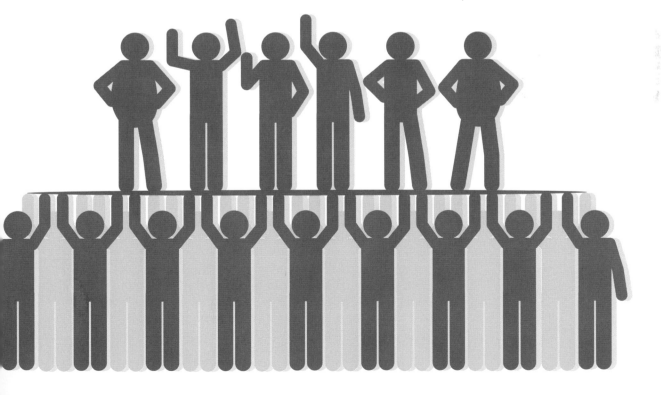

«Gobierno del pueblo, por el pueblo
y para el pueblo».

ABRAHAM LINCOLN (1809-1865)
16.º presidente de Estados Unidos

LA DEMOCRACIA es...

EL GOBIERNO DEL PUEBLO, DIRECTAMENTE O A TRAVÉS DE REPRESENTANTES ELECTOS QUE GOBIERNAN EN NOMBRE DEL PUEBLO

La democracia es un sistema político que da a la ciudadanía el poder de elegir quién gobierna el país. El término «democracia» está compuesto por dos palabras de origen griego: *demos* (pueblo) y *kratía* (poder o dominio). Fue en la antigua Grecia, concretamente en Atenas, donde se dio la primera forma de democracia en el siglo VI a.C.

TIPOS DE DEMOCRACIA

Hoy la mayoría de los países son democracias, pero no todas son iguales. Las primeras, como la de Atenas, eran democracias directas. Los ciudadanos asistían a asambleas y decidían sobre determinados asuntos por votación.

A medida que los países crecían y sus poblaciones se ampliaban, reunirse para votar sobre un asunto en un mismo lugar era cada vez menos práctico. Entonces se desarrolló la democracia representativa, que hoy es la norma. En este tipo de democracia, los ciudadanos votan a representantes que toman decisiones en su nombre en una asamblea o parlamento durante un plazo determinado.

Hoy la democracia directa pervive en los referéndums: el gobierno pide a los ciudadanos que voten sobre una cuestión concreta. En algunos países hay solo uno o dos referéndums cada generación sobre temas de importancia histórica, como la salida del Reino Unido de la Unión Europea (Brexit), en 2016. Otros, como Suiza, celebran varios referéndums cada año: se trata de un mecanismo habitual del

Gobierno para que el ciudadano dé su aprobación a políticas clave.

UN SISTEMA IMPERFECTO

Un gobierno democrático solo tiene autoridad si se gana el consentimiento del pueblo mediante unas elecciones. Pero, ¿qué es exactamente «el pueblo»? En la antigua Atenas, solo los varones libres mayores de 20 años cuyos padres fuesen atenienses tenían derecho a votar; las mujeres, los esclavos y los extranjeros estaban excluidos, a pesar de que constituían entre el 80 % y el 90 % de la población ateniense.

La democracia moderna se basa en el sufragio universal, que da derecho al voto a todos los ciudadanos, sin importar su género, raza o estatus. Sin embargo, algunas democracias no cumplen con este ideal e impiden a ciertas personas presentarse o votar, o manipulan los recuentos de votos.

Incluso las democracias plenas son imperfectas. Las elecciones tienen ganadores y perdedores, y quienes han votado a los perdedores pueden sentirse ignorados. El filósofo griego Aristóteles (384-322 a.C.) sostenía que en un país donde los pobres superan en número a la élite rica y culta, la democracia puede degenerar en el gobierno de la muchedumbre u oclocracia. Aristóteles prefería que gobernara un monarca sabio.

Hay quienes creen que la democracia fomenta el cortoplacismo: con elecciones cada cuatro o cinco años, los políticos tienden a tomar decisiones populares para ser reelegidos, sin pensar en el beneficio del país a largo plazo. No obstante, repartir el poder entre la ciudadanía y limitar los mandatos de los políticos no solo es justo; también reduce el riesgo de que una sola persona tome malas decisiones.

LIBERTADES DEMOCRÁTICAS

La democracia solo funciona si la gente tiene libertad e información para votar. Hoy los gobiernos tienen más poder que nunca para controlar la información. Por ello, en democracia es vital tener un marco legal seguro y una prensa libre.

Nelson Mandela

1918-2013

Este activista y político luchó por los derechos civiles en Sudáfrica. Desafiando el *apartheid,* un sistema que discriminaba a la mayoría negra y privilegiaba a la minoría blanca, Mandela puso fin a la segregación racial y marcó el inicio de una nueva era de democracia en la que cada ciudadano tiene derecho a votar, sin tener en cuenta el color de su piel.

> «Los verdaderos líderes deben estar preparados para sacrificarlo todo por la libertad de su pueblo».

Un joven activista

Nacido en Sudáfrica en 1918, Nelson Mandela fue el primero de su familia que pudo ir a la escuela y a la universidad. Se licenció en Derecho en Johannesburgo, donde conoció a activistas del Congreso Nacional Africano (CNA), un grupo político que luchaba por los derechos de los sudafricanos negros. Mandela se convirtió en líder de la Liga Juvenil del CNA en 1944.

Contra el 'apartheid'

En 1952, Mandela lideró unas protestas pacíficas contra la ley de pases, que obligaba a los ciudadanos negros a llevar pases en espacios públicos para blancos y formaba parte del brutal sistema conocido como *apartheid* (separación), que fue introducido por el Partido Nacional en 1948. El *apartheid* obligaba a blancos y negros a vivir en áreas separadas y usar instalaciones y servicios diferentes. Los negros no tenían derecho al voto. Al ver que las protestas pacíficas no bastaban, Mandela ayudó a fundar la Umkhonto we Sizwe (Lanza de la Nación), brazo armado del CNA. En 1964 el activista fue juzgado por terrorismo y condenado a cadena perpetua.

Líder democrático

Tras 27 años entre rejas en la isla de Robben, Mandela ya era un símbolo global de la lucha por la igualdad racial; su nombre se había convertido en grito de guerra de los sudafricanos negros. En 1989, dada la presión internacional, el Gobierno sudafricano inició conversaciones con Mandela, que fue liberado en 1990. Como presidente del CNA colaboró con el Gobierno para implantar una democracia no racista. En 1994, en las primeras elecciones libres en Sudáfrica, ganó el CNA y Mandela se convirtió en el primer presidente negro del país.

Unidad racial
Cuando Sudáfrica acogió la Copa del Mundo de Rugby, en 1995, Mandela pidió a todo el país que apoyara al equipo nacional, hasta entonces identificado solo con la población blanca; y estrechó la mano de su capitán para mostrar la unidad racial.

Defensor de la paz
Mandela recibió el Premio Nobel de la Paz en 1993. Dejó el cargo de presidente de Sudáfrica en 1999, pero continuó luchando por la paz y la justicia social en todo el mundo.

> «El anarquismo es el gran liberador del hombre de los fantasmas que lo han tenido cautivo».
>
> **EMMA GOLDMAN (1869-1940)**
> Anarquista y activista política lituano-americana

EL ANARQUISMO es...

LA CREENCIA DE QUE TODO GOBIERNO ES MALO DE POR SÍ Y LA SOCIEDAD MEJORARÍA SI SE ABOLIERA POR COMPLETO O EN PARTE

VER TAMBIÉN:

➡️ **Ecologismo**
páginas 108-109

➡️ **Terrorismo**
páginas 118-119

➡️ **Revolución**
páginas 120-121

Los anarquistas creen que es posible una sociedad en la que las normas no se impongan desde arriba y que la gente pueda decidir voluntariamente de qué forma se organiza la sociedad. Anarquismo no es lo mismo que anarquía, que es lo que ocurre cuando desaparece el respeto a las normas y el orden. Cuando la ciudadanía se alza contra el poder del Estado puede haber anarquía, pero los anarquistas creen que, una vez que el poder del Estado ha sido abolido, el pueblo es capaz de cooperar para lograr una vida más justa y equitativa sin el control estatal.

NO A LA AUTORIDAD

Para los anarquistas, las personas son esencialmente buenas y el Estado las corrompe con el tiempo.

Ven el gobierno intrínsecamente malo porque organiza la sociedad según los intereses de un pequeño grupo de personas. Muchos creen que los ciudadanos son capaces de trabajar juntos por voluntad propia para producir lo que necesitan y que los grupos pequeños, como las comunas, son la mejor forma de organizar la sociedad. Los anarquistas rechazan la forma en que se han desarrollado las sociedades capitalistas, por lo que suelen situarse en la izquierda del espectro político. No obstante, la desconfianza hacia el Estado y el rechazo a los impuestos y los controles sobre los derechos del individuo, como la tenencia de armas, implican que haya anarquistas de derechas, como algunas milicias estadounidenses.

LA DESTRUCCIÓN DEL ESTADO

El principal objetivo político anarquista es destruir el Estado. En la Revolución Rusa de 1917, algunos pensaban que lo estaban consiguiendo y que el Estado, como dijo el teórico político alemán Friedrich Engels, simplemente se «marchitaría». Aunque la Revolución ocasionó grandes cambios en la estructura de la sociedad rusa, una nueva forma de gobierno acabó remplazando a la antigua. La paradoja del anarquismo es que la oposición a cualquier forma de Estado pone el poder fuera de su alcance.

Las ideas anarquistas prendieron en algunos sectores de la sociedad española en los años previos a la Guerra Civil (1936-1939). Surgieron pequeños grupos en el campo que impulsaron colectividades agrarias, mientras otros optaron por la «propaganda de los hechos» en forma de revueltas locales. Los obreros adoptaron una variante del anarquismo llamada anarcosindicalismo, cuyo fin era la destrucción del capitalismo mediante el poder de los sindicatos. En 1936 los revolucionarios anarquistas controlaban parte de la España republicana, pero fracasaron en su intento de constituir un Estado obrero: imponerlo hubiera supuesto crear una "dictadura anarquista", lo que iba en contra de los principios del anarquismo.

EN ACCIÓN

A pesar de que los anarquistas rechazan el Estado, a menos que sean autosuficientes no pueden actuar sin él. Sin embargo, existen redes y comunidades anarquistas que funcionan bien a pequeña escala. Un ejemplo son los kibutz israelíes, cuyos residentes trabajan de manera comunitaria. Las ideas anarquistas han sido adoptadas por otras causas políticas, como las protestas estudiantiles de la década de 1960, el movimiento antiglobalización Occupy en la década de 2010 y el reciente movimiento ambientalista Extinction Rebellion. Los anarquistas también actúan en las redes espontáneas de autoayuda que surgen tras desastres naturales como el huracán Katrina (que arrasó Nueva Orleans en 2005) como prueba de que su propuesta de sociedad es más natural que el Estado.

IDEOLOGÍAS
políticas

¿CUÁL ES LA IDEA GENIAL?

COOPERACIÓN MEJOR QUE COMPETICIÓN

UNA ECONOMÍA MIXTA DE EMPRESAS PRIVADAS Y ESTADO DEL BIENESTAR

LOS LIBERALES PIENSAN QUE LAS PERSONAS TIENEN DERECHO A PERSEGUIR SUS METAS

LOS SOCIALISTAS CREEN QUE LOS SERVICIOS COMO LA SANIDAD DEBEN SER ESTATALES

IGUALES DERECHOS PARA TODOS, SIN DISTINCIÓN DE GÉNERO, RAZA O RELIGIÓN

TODOS CONTRIBUIMOS AL ESTADO Y NOS BENEFICIAMOS DE ÉL DE FORMA EQUITATIVA

LOS COMUNISTAS CREEN EN UNA SOCIEDAD SIN CLASES, REGULADA POR LA IDEOLOGÍA

Todos tenemos nuestras ideas sobre cómo lograr una buena sociedad. Por ejemplo, ¿cuál es el salario justo? o ¿hasta qué edad se debería poder conducir?

Los políticos y los gobiernos suelen moverse por conjuntos de ideas, o ideologías, acerca de la mejor forma de organizar la sociedad y quién debe tener la autoridad. Para comprender mejor sus diferencias, las ideologías se organizan de izquierda a derecha. Las que se hallan en los extremos del arco guardan una relación de máxima oposición entre sí. Las ideologías situadas a la izquierda, como el comunismo y el socialismo, se basan en la igualdad social y la oposición a las jerarquías. Las ubicadas a la derecha, como el conservadurismo, defienden el orden social y la propiedad privada. El liberalismo, en el medio, apoya las libertades individuales y las economías mixtas.

LA **COMPETENCIA** ES NECESARIA PARA QUE **PROGRESE** LA SOCIEDAD

LOS **CONSERVADORES** CREEN EN LA **ESTABILIDAD**, LA **PROPIEDAD PRIVADA** Y LAS **SOLUCIONES PRÁCTICAS**

LA **CIUDADANÍA DEBE SER CAPAZ DE BENEFICIARSE DEL LIBRE MERCADO**

TODOS TENEMOS UN **LUGAR** NATURAL EN LA SOCIEDAD: **ARRIBA** O **ABAJO**

LO **MEJOR** ES QUE CADA UNO SE OCUPE DE **SÍ MISMO**

LA **HERENCIA**, LA **AUTORIDAD** Y EL **DEBER** SON CLAVES PARA LA **ESTABILIDAD**

LOS **FASCISTAS** CREEN QUE EL **ESTADO** DEBE CONTROLARLO TODO

«Para mí, el socialismo siempre ha tenido que ver con la libertad y la solidaridad».

JACQUES DELORS (n. 1925)
Político francés

EL SOCIALISMO es...

LA CREENCIA DE QUE LAS PERSONAS DEBEN COMPARTIR LA RIQUEZA DE SU PAÍS DE FORMA EQUITATIVA

Desde que la economía global entró en recesión por la crisis financiera de 2008, hay un renovado interés en el socialismo como alternativa al capitalismo de libre mercado. Basado en las ideas de justicia social, propiedad colectiva y cooperación en vez de competencia, el socialismo se halla en la izquierda del espectro político. El color rojo (en particular la rosa roja) es su símbolo y representa la sangre de los trabajadores en su lucha contra el capitalismo.

PROPIEDAD ESTATAL

Los socialistas creen que los medios de producción de bienes y servicios, como las fábricas y las infraestructuras, deben ser de propiedad estatal o estar bajo el control de los trabajadores. Lo que se produce debe distribuirse de forma equitativa. El Estado debe proveer necesidades básicas como la educación, la salud y la vivienda, que han de financiarse mediante impuestos.

AGITACIÓN SOCIAL

El socialismo surgió a principios del siglo XIX como una reacción contra el capitalismo y las turbulencias de la Revolución Industrial. El filósofo y economista alemán Karl Marx veía el socialismo como un paso esencial en el camino al comunismo, la abolición de la propiedad privada y la creación de una sociedad sin clases. Los primeros socialistas, llamados utópicos, establecieron cooperativas y experimentaron con las comunas. Otros lucharon por el socialismo por medio de los sindicatos (asociaciones de trabajadores) o de movimientos revolucionarios como la Comuna de París, que tomó el control de la capital francesa durante dos meses en 1871. El socialismo acabó convirtiéndose en una poderosa fuerza política en muchas naciones.

SOCIALISMO DEMOCRÁTICO

Los socialistas democráticos aspiran a conseguir el socialismo gradualmente en vez de por la revolución. Creen que los gobiernos elegidos democráticamente deben regular la economía y los servicios públicos. La sanidad y la educación han de ser gratuitas y financiarse con impuestos, y las pensiones y las prestaciones sociales deben ser un derecho. Los servicios públicos e industrias como el transporte deben ser propiedad del Estado. El objetivo es extender la titularidad pública a todas las propiedades, excepto los pequeños negocios y las viviendas. Un ejemplo de gobierno socialista democrático fue el del Partido Laborista en el Reino Unido en 1945, que estableció el National Health Service, el primer sistema sanitario público del mundo. Más recientemente, políticos como Bernie Sanders, del Partido Demócrata de Estados Unidos, se han definido como socialistas democráticos.

SOCIALDEMOCRACIA

A diferencia de los socialistas, los socialdemócratas aceptan el capitalismo porque puede reformarse. Abogan por una economía mixta de empresas públicas y privadas, y por un estado del bienestar para erradicar la pobreza. Existen partidos socialdemócratas con experiencia de gobierno en muchos países europeos, sobre todo en los del norte (Dinamarca, Islandia, Finlandia, Noruega y Suecia). El llamado modelo nórdico fusiona los principios socialistas con el capitalismo manteniendo la propiedad privada, permitiendo a los sindicatos negociar para lograr mejores condiciones laborales y financiando el estado del bienestar.

SOCIALISMO REVOLUCIONARIO

En el extremo opuesto, muchos socialistas creen que es imposible alcanzar el socialismo a través de las urnas. Opinan que la ideología y las prácticas capitalistas están tan enquistadas y los intereses creados son tan poderosos que la revolución es la única vía para lograr el socialismo. Entre las revoluciones socialistas acaecidas a lo largo de la historia destaca la de Rusia en 1917, que aplicó los llamados principios marxistas-leninistas para establecer un Estado comunista.

Karl Marx

1818-1883

Karl Marx fue un filósofo y socialista revolucionario que vaticinó un futuro en el que los trabajadores acabarían con el capitalismo y construirían una sociedad comunista donde reinaría la igualdad. No vivió para verlo, pero sus ideas sacudieron la política en el siglo XX. Sus abundantes textos han tenido una poderosa influencia en movimientos políticos de todo el mundo.

> «Los trabajadores no tienen nada que perder, salvo sus cadenas. ¡Proletarios del mundo, uníos!»

Académico político

Karl Marx nació en 1818 en Trier, Prusia (ahora Alemania), y estudió derecho y filosofía. Por su trabajo como académico y periodista conoció la política y la sociedad de su tiempo y se percató de que la economía era clave para abordar los males sociales. Le influyó el filósofo alemán de principios del siglo XIX Georg Hegel, que postulaba que las tensiones sociales conducen al progreso.

Escritor radical

En 1843 Marx se mudó a París. Las ideas políticas radicales agitaban Europa y para muchos era el momento oportuno para la revolución. En París, Marx retomó su vieja amistad con el filósofo germano Friedrich Engels, con quien colaboró en sus textos más famosos. En 1848 publicaron un influyente tratado, el *Manifiesto comunista,* que predijo la caída del capitalismo y la creación de una sociedad comunista. Ambos estaban de acuerdo en que las clases trabajadoras de todo el mundo eran una fuerza potencial para la revolución y el cambio. Sus ideas políticas convirtieron a Marx en un personaje incómodo en Europa. Se exilió en Londres, donde escribió *El capital* (1867), un estudio sobre la naturaleza del capitalismo y la explotación de los trabajadores, que no logran beneficiarse del sistema.

Legado

La visión de Marx de la lucha de clases se interpretó como prueba de que el comunismo sustituiría al capitalismo. Su filosofía, conocida como marxismo, fue enarbolada por los movimientos revolucionarios y se convirtió en ideario político de países como la Unión Soviética, China y Cuba. Lo que no se sabe es qué habría pensado Marx de las acciones que, con posterioridad, fueron llevadas a cabo en su nombre.

Figuras de culto

El nombre y la imagen de Marx se glorificaron en la Unión Soviética junto a los del primer líder soviético, Lenin (arriba, a la derecha). La Unión Soviética, Estado comunista fundado en 1922, se rigió bajo los principios del marxismo-leninismo.

Capital político

Marx se ha convertido en un emblema político, pero con su obra apenas pudo ganarse la vida. Su madre dijo: «Ojalá Karl se hubiera hecho con un capital, en vez de escribir sobre él». Engels le dio respaldo económico, pero murió pobre.

«De cada uno según su capacidad,
a cada uno según sus necesidades».

KARL MARX (1818-1883)
Pensador revolucionario, filósofo y economista

EL COMUNISMO es...

UNA FILOSOFÍA POLÍTICA QUE BUSCA ESTABLECER LA PROPIEDAD COLECTIVA Y CREAR UNA SOCIEDAD IGUALITARIA

VER TAMBIÉN:

 Socialismo
páginas 42-43

Karl Marx
páginas 44-45

 La plaza de Tiananmén
páginas 48-49

Capitalismo
páginas 52-53

 **La caída del Muro de Berlín**
páginas 54-55

Los seguidores del comunismo, llamados comunistas, desean crear una sociedad asentada sobre la justicia social, la igualdad y la cooperación. En concreto buscan abolir la propiedad privada y sustituirla por un sistema de propiedad colectiva en el cual todos los bienes de la sociedad se posean por igual. En tal sistema, cada persona trabaja por el bien de la sociedad según su capacidad y todos comparten los beneficios según sus necesidades. El comunismo se sitúa en la extrema izquierda del espectro político. Es similar al socialismo, con su énfasis en la justicia social y la cooperación, pero va más allá en sus aspiraciones de abolir la propiedad privada y crear una sociedad sin clases.

ANTICAPITALISMO

Los comunistas aspiran a acabar con el sistema económico capitalista porque produce una gran división entre ricos y pobres. Opinan que las estructuras del capitalismo y la industrialización han creado una clase privilegiada, la burguesía, que posee los medios de producción (fábricas, comercios, negocios y servicios), mientras el proletariado (la clase trabajadora) produce los bienes y es explotada y empobrecida.

MARXISMO

En 1848, Karl Marx y el filósofo alemán Friedrich Engels publicaron el *Manifiesto comunista*, un tratado en el que esbozaban la ruta hacia el comunismo. Marx afirmaba que el capitalismo no solo explotaba a las personas, sino que también se destruía a sí mismo porque creaba inestabilidad financiera y tensión entre las clases sociales. Creía que la lucha de clases llevaría inicialmente al socialismo y después, inevitablemente, al comunismo: una sociedad sin clases ni patria, basada en la propiedad colectiva. Los principios marxistas siguen siendo la base de la ideología comunista.

REVOLUCIÓN

A principios del siglo XX, el socialismo y el comunismo atrajeron a quienes se oponían al capitalismo. Muchos países intentaron instaurar sistemas comunistas. En Rusia, en 1917, Lenin y los bolcheviques condujeron a los obreros industriales a una revolución para derrocar al zar (monarca absoluto). Fue entonces cuando se adoptó el símbolo comunista: la hoz, que representa a los campesinos, y el martillo, en honor de los obreros. En 1922, Rusia y varios países vecinos se unieron en un gran Estado federal, la Unión Soviética. Primero con Lenin y a partir de 1924 con Iósif Stalin, el nuevo Estado se rigió según los principios del marxismo-leninismo. Se creó una autoridad central, el Partido Comunista, para representar a los obreros y campesinos. Se abolió la propiedad privada, pero, en vez de implantarse la propiedad colectiva, el Estado se apropió de la economía. En teoría, el Partido Comunista gobernaba por el bien del pueblo; en la práctica, especialmente bajo Stalin, la Unión Soviética se convirtió en una dictadura de un único partido.

ESTADOS COMUNISTAS

En 1949 China adoptó una forma de comunismo llamada maoísmo. Se diferenciaba del marxismo-leninismo en que fueron los campesinos más que los obreros industriales los que lideraron la revolución. El Partido Comunista de China era la autoridad central. Otros países que instauraron regímenes de corte comunista fueron Cuba, Vietnam y Corea del Norte.

LOGRAR EL COMUNISMO

Hay quienes afirman que ni la Unión Soviética de Stalin ni la China de Mao fueron Estados comunistas, sino regímenes autoritarios en los que la gente perdió la libertad. Esa no era la visión del comunismo de Marx. Tras la caída del Muro de Berlín, en 1989, el comunismo como ideología política cayó en desgracia, pero desde la crisis financiera de 2008, con su impacto social, hay un renovado interés en sus postulados.

«Están cambiando nuestra libertad económica por nuestra libertad política».

WU'ER KAIXI (n. 1968)
Líder de las protestas estudiantiles

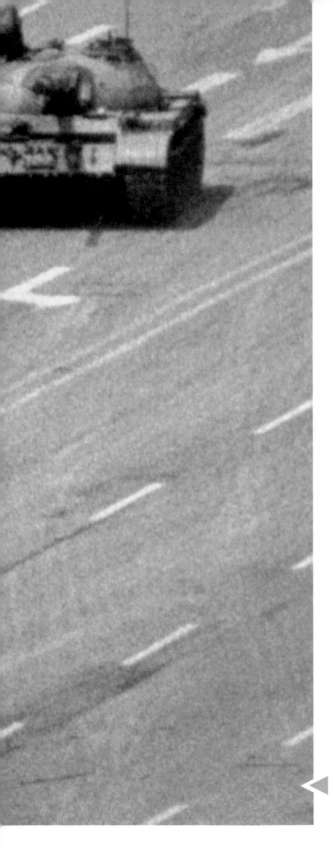

LA PLAZA DE TIANANMÉN

4 DE JUNIO DE 1989

En 1989, meses de protestas pacíficas a favor de la democracia y contra la corrupción en la plaza pekinesa de Tiananmén acabaron con una dura respuesta del régimen comunista chino.

Tras la muerte de Mao Zedong en 1976, la década de 1980 fue un tiempo de cambios en China. El Partido Comunista había tomado el poder en 1949. Influido por el marxismo, Mao creó su propia forma de comunismo, conocida como maoísmo.

El Gran Salto Adelante, un plan para transformar la industria y la agricultura iniciado en 1958, trajo consigo duras condiciones laborales y una hambruna que mató a millones de personas. La Revolución Cultural de 1966, una brutal campaña contra las conductas anticomunistas, también causó millones de muertes.

Los años ochenta trajeron reformas económicas, pero también corrupción. En abril de 1989 los estudiantes se concentraron en la plaza de Tiananmén para reclamar libertad política. En mayo, el Gobierno envió al Ejército para disolver a la multitud, que ya sumaba un millón de personas. En junio, los tanques entraron en la plaza y los soldados abrieron fuego y mataron a miles de personas; otras tantas fueron arrestadas.

Hoy China es una potencia económica que combina el maoísmo con una forma de capitalismo bajo control estatal. No se tolera la disensión y los acontecimientos de Tiananmén son un tema tabú.

El hombre del tanque

La imagen de un hombre desconocido y desarmado cerrando el paso a un tanque se convirtió en símbolo de resistencia en todo el mundo, pero no en China.

> **«El liberalismo clásico se basa en la idea de que la libertad individual y un gobierno restringido son la mejor vía para formar una sociedad libre».**
> **DAVE RUBIN (n. 1976)**
> Comentarista político estadounidense

EL LIBERALISMO es...

UNA FILOSOFÍA POLÍTICA QUE SITÚA LOS DERECHOS Y LAS LIBERTADES DEL INDIVIDUO EN EL CENTRO DE LA POLÍTICA

VER TAMBIÉN:

← **Socialismo**
páginas 42-43

→ **Capitalismo**
páginas 52-53

→ **Neoliberalismo**
páginas 56-57

La libertad de expresión, la prensa libre y la igualdad de derechos son algunos de los valores asociados al liberalismo. El término deriva del vocablo latino *liber* (libre). El liberalismo es un concepto amplio que incluye ideas económicas y políticas. En materia económica defiende el comercio libre sin intervención gubernamental. En lo político se identifica con las reformas sociales y los derechos humanos, aunque en Estados Unidos el liberalismo se vincula al socialismo. Los principios liberales forman la base de la democracia liberal occidental y los gobiernos representativos.

PENSAMIENTO ILUSTRADO
El liberalismo se halla en el centro del espectro político, excepto en Estados Unidos, donde está a la izquierda. Surgió entre los siglos XVII y XVIII, cuando los pensadores cuestionaron la idea de los derechos divinos y, afirmando que los seres humanos nacen con derechos naturales, desafiaron la autoridad monárquica y religiosa. John Locke, filósofo liberal inglés del siglo XVII, reclamó un contrato social entre los ciudadanos y el gobierno. Dos siglos más tarde, el teórico británico John Stuart Mill desarrolló la idea. En lo que se conoce como liberalismo clásico, Mill sostenía que el individuo debe tener la oportunidad de vivir como desee, siempre y cuando no dañe a los demás. El papel del gobierno es implantar leyes que posibiliten y protejan esa libertad.

ECONOMÍA LIBERAL
Históricamente, los liberales han apoyado el capitalismo. Creen en la intervención del gobierno en los asuntos sociales y en su mínima intromisión en la economía. El economista liberal escocés del siglo XVIII Adam Smith fue el primero que defendió el libre comercio;

pensaba que el mercado se ajustaría de forma natural según la ley de la oferta y la demanda. Esta idea dominó el pensamiento liberal hasta la crisis económica de la década de 1930, conocida como la Gran Depresión, cuando el economista liberal británico John Maynard Keynes abogó por que los gobiernos intervinieran en los tiempos de recesión con medidas de gasto público y bienestar.

REFORMISMO

El liberalismo siempre ha sido una potente fuerza política reformista. Sus ideas de libertad y derechos individuales influyeron en revoluciones como la americana (1776) y la francesa (1789) y ayudaron a dar forma a la democracia moderna. Su influencia continuó en los siglos XIX y XX, y halló expresión en los partidos y gobiernos liberales. En la actualidad los liberales apoyan reformas sociales a favor de las mujeres, los homosexuales y los discapacitados, y la libertad de expresión y de credo. El socialismo, el conservadurismo y, más recientemente, el ascenso de la economía neoliberal han mermado la influencia política del liberalismo.

LIBERTARISMO

En cierto sentido, el libertarismo es una forma extrema de liberalismo. Los libertarios ponen la libertad personal por encima de todo. Sostienen que el individuo debe ser libre para hacer lo que desee, sin intromisiones del gobierno, en especial en lo relativo al comercio. Hay libertarios en movimientos políticos tanto de derechas como de izquierdas. En la izquierda hay grupos anarquistas que creen que cualquier forma de Estado es nociva. En la derecha se encuentra el Tea Party estadounidense, en contra de los impuestos y a favor del mercado libre.

> «El capitalismo cumple lo que promete».
> LUDWIG VON MISES (1881-1973)
> Economista, historiador y sociólogo austriaco

EL CAPITALISMO es...

UN SISTEMA ECONÓMICO EN EL QUE LAS EMPRESAS SON PRIVADAS Y BUSCAN OBTENER GANACIAS

Al capitalismo se lo asocia con los grandes negocios y los bancos. Apoya la propiedad privada, los mercados competitivos y la creación de riqueza. Como ideología política se halla en la derecha del espectro político. Sus partidarios se llaman capitalistas.

PROPIETARIOS Y EMPLEADOS

El capitalismo influye en la política porque tiene un punto de vista particular sobre cómo organizar la sociedad. Los capitalistas creen que los negocios han de tener propietarios privados, ya sea un solo individuo o una gran corporación, y su fin debe ser la obtención de beneficios. En un país capitalista, como Estados Unidos o los Estados europeos, las empresas emplean a personas a cambio de sueldos. Por lo general, los empleados de una empresa no participan de los beneficios, que van a los propietarios, a los accionistas (poseedores de acciones) o a otras compañías que invierten en esa empresa. La intervención del gobierno en los negocios es limitada.

UNA MANO INVISIBLE

El capitalismo moderno tiene sus raíces en la industrialización de los siglos XVIII y XIX. El economista escocés Adam Smith propuso en su obra *La riqueza de las naciones* (1776) la idea de un mercado con la mínima regulación gubernamental. Creía que un mercado libre se estabilizaría automáticamente sin la intervención estatal por la ley de la oferta y la demanda, a la que se refería como «una mano invisible». Según dicha ley, la competencia entre proveedores es buena porque hace que los precios bajen; la escasez de productos hace que suban. Smith también creía que las personas actúan por lógico interés propio. A la gente le interesa trabajar duro porque así es como obtiene recompensas.

EL CAPITALISMO HOY

Muchas economías del mundo están basadas en el sistema capitalista, aunque se han efectuado ciertos ajustes. Algunos países, como Islandia y Suecia, tienen lo que se conoce como economía mixta: parte de la economía es de libre mercado, pero el gobierno gestiona sectores como la salud y el transporte. Otros países, como Estados Unidos, han adoptado un sistema neoliberal cuyo núcleo es un mercado no regulado. La mayoría de los gobiernos capitalistas imponen ciertas normas comerciales a productos como los alimentos y en muchos países capitalistas se han implantado salarios mínimos para los empleados.

LIBERTAD DE ELECCIÓN

Los partidarios del capitalismo destacan los beneficios que ha comportado: ha creado empleos, ha mejorado la vida de la gente y ha permitido a muchas personas tener viviendas propias. La competencia ha incentivado la innovación en una amplia gama de productos. Muchos sostienen que el capitalismo conlleva libertad de elección y oportunidades para prosperar. Sin embargo, no siempre es así. China, por ejemplo, tiene un sistema conocido como capitalismo de Estado en el que este controla la industria y el comercio, mientras las libertades civiles están sumamente restringidas.

DISCREPANCIAS

Hay quienes opinan que el capitalismo es injusto y que concentra la riqueza en manos de unas pocas personas, mientras otras no pueden salir de la pobreza. Que explota a los trabajadores con sueldos insuficientes o hace que pierdan sus empleos si el mercado colapsa. Con su constante tendencia al incremento de la productividad y al crecimiento económico, el capitalismo es considerado responsable del agotamiento de los recursos naturales y la emergencia climática.

LA CAÍDA DEL MURO DE BERLÍN

NOVIEMBRE DE 1989

La caída del Muro de Berlín en 1989 fue mucho más que la demolición de una frontera de hormigón. Marcó el final simbólico de la Guerra Fría, 40 años de conflicto político entre el mundo comunista y el capitalista.

Tras la II Guerra Mundial, los aliados dividieron Alemania en dos. En 1949, la parte oeste se convirtió en una democracia capitalista con estrechos lazos con los países occidentales y la parte oriental cayó bajo el control de la Unión Soviética. La capital, Berlín, quedó partida entre ambos países.

Las libertades de los alemanes del este se vieron restringidas y, en los 12 años siguientes, unos 2,7 millones de personas emigraron al oeste. Para evitarlo, el régimen soviético construyó en 1961 el Muro de Berlín, que pronto se convirtió en un símbolo de las diferencias entre la Europa occidental y la oriental, divididas por una frontera ideológica conocida como Telón de Acero.

En la década de 1980, los gobiernos comunistas empezaron a debilitarse y, cuando Hungría abrió su frontera, muchos alemanes del este huyeron. Bajo presión, el régimen germano anunció el 9 de noviembre de 1989 que permitiría a sus ciudadanos viajar al extranjero. El mismo día, miles de personas se agolparon en el Muro para exigir que se les permitiera cruzar. Los guardias les dejaron pasar y muchos empezaron a golpear el hormigón. En octubre de 1990, el Muro había sido reducido a escombros y Alemania se había reunificado. El comunismo había caído en Europa.

Asalto al Muro de Berlín

Guardias de Alemania Oriental observan a los berlineses subir al Muro el 10 de noviembre de 1989, el día después de que la gente empezara a derribarlo.

«El Muro fue un monumento al miedo. El 9 de noviembre se convirtió en un lugar de júbilo».

HORST KÖHLER (n. 1943)
Expresidente de la República Federal de Alemania

«La neoliberalización ha supuesto la financiarización de todo».

DAVID HARVEY (n. 1935)
Geógrafo económico y antropólogo británico

EL NEOLIBERALISMO es...

UNA CORRIENTE ECONÓMICA Y POLÍTICA QUE PROMUEVE EL LIBRE COMERCIO, LA PRIVATIZACIÓN Y EL RECORTE DEL GASTO PÚBLICO

VER TAMBIÉN:

← **Liberalismo**
páginas 50-51

← **Capitalismo**
páginas 52-53

→ **Globalización**
páginas 142-143

El neoliberalismo es una forma extrema de capitalismo. Sus adeptos creen que todos los procesos económicos –el comercio, la industria, los negocios y los mercados financieros– deben operar y crear riqueza libremente, sin normas ni restricciones gubernamentales. Desde la década de 1970, cuando los gobiernos empezaron a adoptar estas ideas, el neoliberalismo ha tenido un gran impacto en la vida de las personas.

LIBRE MERCADO

El economista austriaco-británico Friedrich Hayek fue el precursor del neoliberalismo. Se opuso a las inversiones estatales y a la planificación económica que se habían hecho populares durante y después de la Gran Depresión, en la década de 1930. Según Hayek, para evitar las crisis económicas, el comercio de productos y servicios no debe estar regulado. En su opinión, la planificación gubernamental es ineficaz y la ley de la oferta y la demanda para determinar los precios y la disponibilidad de los productos es la mejor forma de crear una economía próspera. Asimismo, el control estatal sobre la economía es antidemocrático porque impide la elección individual. En las décadas de 1940 y 1950 popularizaron el neoliberalismo economistas como el austriaco Ludwig von Mises y el estadounidense Milton Friedman, para quien los gobiernos deben controlar la cantidad de dinero en circulación para estabilizar los precios, teoría conocida como monetarismo.

LA SOCIEDAD NO EXISTE

En la década de 1980, los Gobiernos de la conservadora Margaret Thatcher en el Reino Unido y del republicano Ronald Reagan en Estados Unidos abrazaron el neoliberalismo para estimular las estancadas economías de sus respectivos países. Se levantaron los controles sobre las divisas extranjeras para permitir el flujo monetario entre países y las compañías se abrieron a inversiones foráneas. Se redujo la intervención de los Gobiernos en el comercio y la industria, y se privatizaron servicios públicos como el agua, la energía y el transporte, permitiendo que los gestionaran empresas privadas con menos subvenciones estatales.

También se bajaron los impuestos, en particular a los más ricos. En la aplicación de estas políticas se dio un nuevo énfasis a la responsabilidad individual; Thatcher lo resumió así en 1987: «no existe eso llamado sociedad (...) las personas deben ocuparse de sí mismas primero». Con ello se rompía el consenso alcanzado tras la II Guerra Mundial, por el cual el Estado era responsable de los colectivos más vulnerables de la sociedad.

AUSTERIDAD

En la década de 1990, gobiernos progresistas como el del demócrata Bill Clinton en Estados Unidos y el del laborista Tony Blair en el Reino Unido adoptaron políticas neoliberales. La interdependencia de las economías nacionales debida a la globalización alentó las políticas de libre comercio. Las entidades financieras prosperaron hasta el crac de 2008, al que siguieron años de recesión global. Para evitar una catástrofe económica los gobiernos rescataron a los bancos; con respecto a la deuda pública, muchos aplicaron medidas de austeridad para reducir el gasto público. Estas incluyeron recortes en los subsidios de desempleo y enfermedad y en los servicios sanitarios, culturales y sociales. Se redujeron al mínimo las prestaciones en materia de bienestar y protección social.

IMPACTO

El neoliberalismo sigue siendo una práctica económica dominante en

el mundo. Ha generado crecimiento económico —las entidades financieras y las corporaciones globales han obtenido enormes beneficios—, pero las economías también han fluctuado. Además, el neoliberalismo ha aumentado las desigualdades entre ricos y pobres. Según un estudio de la ONG Oxfam, desde 2015 el 1 % más rico de la población mundial acapara más riqueza que el 99 % restante.

> «Ser conservador es preferir lo familiar a lo desconocido, preferir lo probado a lo no probado».
>
> **MICHAEL OAKESHOTT (1901-1990)**
> Filósofo y teórico político británico

EL CONSERVADURISMO es...

UN ENFOQUE POLÍTICO A FAVOR DE LAS INSTITUCIONES TRADICIONALES Y LAS SOLUCIONES PRÁCTICAS

VER TAMBIÉN:

← **Capitalismo**
páginas 52-53

← **Liberalismo**
páginas 50-51

← **Neoliberalismo**
páginas 56-57

La clave para entender el conservadurismo está en su nombre. Se trata de conservar estructuras sociales y políticas probadas que han evolucionado con el tiempo. En lugar de cambios repentinos, los conservadores prefieren estabilidad y continuidad.

POLÍTICA PRÁCTICA

Situado en la derecha del espectro político, el conservadurismo suele calificarse de pragmático. En efecto, ante los problemas sociales y económicos, los conservadores prefieren las soluciones prácticas a las basadas en ideologías y teorías políticas abstractas. Reconocen que los cambios son necesarios, pero deben ser graduales. Por encima de todo, aspiran a una sociedad bien ordenada con leyes claramente definidas.

UNA CLASE GOBERNANTE

Desde el punto de vista conservador, la sociedad es jerárquica y está formada por clases. El orden social se basa en la división entre quienes son aptos para gobernar y quienes son gobernados. Tradicionalmente, los conservadores dan importancia a las estructuras familiares convencionales, a la monarquía (donde exista), al patriotismo y a la religión. Los Estados conservadores suelen ser paternalistas y tienden a satisfacer las necesidades de la gente según corresponda. Algunos conservadores con una arraigada ética laboral creen que es responsabilidad del individuo mejorar, superarse, pero hay que darle la oportunidad de hacerlo.

GOBIERNO LIMITADO

Los conservadores apoyan el capitalismo y creen en la propiedad privada, el libre comercio, la relajación fiscal y la intervención limitada del gobierno en la economía. Muchos promueven la teoría del derrame: al crearse mucha riqueza, algo se derrama hacia los menos pudientes. Desde finales del siglo XX, algunos gobiernos conservadores influidos por el neoliberalismo han impulsado la privatización de los servicios públicos.

NO A LA REVOLUCIÓN

Como el liberalismo, el conservadurismo surgió como corriente política en el siglo XVIII. Adquirió su característico compromiso con la estabilidad social, el orden y la tradición como reacción al caos de la Revolución Francesa. En 1790, el filósofo anglo-irlandés Edmund Burke, padre del conservadurismo moderno, escribió un influyente panfleto en el que condenaba el derrocamiento de la monarquía gala y la alteración del orden social. Sus ideas sentaron las bases del pensamiento conservador. En 1834 se formó el Partido Conservador británico a partir de los llamados Tories irlandeses. Hoy es uno de los partidos políticos más antiguos que existen. Pero el conservadurismo no solo pervive en el Reino Unido; sus principios se han extendido por todo el mundo.

CONSERVADURISMO MODERNO

El conservadurismo en sus varias formas ha tenido mucha influencia. En el Reino Unido ha sido la fuerza política dominante desde 1945. En Estados Unidos, el Partido Republicano es de tendencia conservadora. Históricamente, en Europa y Sudamérica el conservadurismo se asocia con el cristianismo, ya sea católico o protestante. Un ejemplo es la Unión Demócrata Cristiana de Alemania, partido de centro-derecha antes liderado por la canciller Angela Merkel que también aglutina a sectores no cristianos.

«Todo dentro del Estado, nada fuera del Estado, nada contra el Estado».

BENITO MUSSOLINI (1883-1945)

Fundador del Partido Nacional Fascista y dictador italiano

EL FASCISMO es...

UNA FORMA DE NACIONALISMO ULTRADERECHISTA QUE ASPIRA A CREAR UN PODEROSO ESTADO TOTALITARIO

VER TAMBIÉN:

Dictadura
páginas 24-25

Totalitarismo
páginas 26-27

Hitler llega al poder
páginas 62-63

Los partidarios del fascismo son conocidos como fascistas. El término suele usarse como insulto dirigido a cualquier persona o grupo de derechas y autoritario. Sin embargo, el fascismo en la práctica y como teoría política es más complejo y brutal.

LA UNIÓN HACE LA FUERZA

El fascismo se halla en la extrema derecha del arco político. Es muy nacionalista: pone la fuerza y la unidad de la nación por encima de las libertades individuales. Todos los aspectos de la sociedad y la economía se reglamentan para crear una nación unida y poderosa. En la práctica, un régimen fascista es una dictadura militarista de un solo partido con un líder carismático que se presenta como el único capaz de solucionar los problemas del país.

Se exige obediencia total: los ciudadanos deben identificarse con la nación sobre todas las cosas. La propaganda, los discursos y los eventos, con su parafernalia visual, se diseñan para impresionar y captar a las masas. Se crean milicias uniformadas y armadas para inspirar miedo y someter a la oposición. Los regímenes fascistas pueden empezar con procesos democráticos como las elecciones, pero los abandonan cuando obtienen el poder.

RESURGIMIENTO

El fascismo surgió de la I Guerra Mundial (1914-1918) y se avivó con el colapso económico, social y cultural de la posguerra. Sus líderes adquirieron notoriedad prometiendo que reconstruirían sus países y les devolverían la gloria.

Italia fue el primer Estado fascista. En 1919, Benito Mussolini fundó el Partido Nacional Fascista. Empezó militando en el socialismo y más tarde se opuso al comunismo por considerarlo una amenaza para la nación. Con la ayuda de las milicias armadas conocidas como Camisas Negras, el político ganó popularidad y atemorizó a sus oponentes. En 1922, tras ser invitado a entrar en el Gobierno y con Italia sumida en el caos político, Mussolini y sus milicianos marcharon sobre Roma y tomaron el poder. Con el título de Duce, estableció una dictadura y trabajó con las corporaciones para reestructurar la economía, prometiendo convertir Italia en una gran potencia que reflejara la gloria de la antigua Roma. En 1945, los partisanos italianos ejecutaron a Mussolini.

En la década de 1930 el fascismo se extendió por Europa. En 1939, el general Francisco Franco, cuyas fuerzas habían derrotado a los republicanos en España en una brutal guerra civil, instauró una dictadura que duraría hasta 1975. En el vecino Portugal, en 1926, un golpe militar dio paso a otra dictadura. El llamado Estado Novo de António de Oliveira Salazar se prolongó hasta 1974, convirtiéndose en el régimen fascista más duradero de Europa.

NACIONALSOCIALISMO

En Alemania, el fascismo se llamó nacionalsocialismo o nazismo. Su líder, Adolf Hitler, apelando a la humillación que sentían los alemanes por su derrota en 1918, prometió reconstruir el país y convertirlo en un gran imperio militar. El nazismo dominó Alemania de 1933 a 1945. Como otros regímenes fascistas, era nacionalista y totalitario, pero, a diferencia del fascismo italiano, en su ideología era fundamental el antisemitismo. Poniendo énfasis en la idea de la pureza de la raza aria, los nazis intentaron exterminar a los judíos, los gitanos y otras etnias y comunidades vulnerables. Las fuerzas armadas y la Gestapo, la temida policía secreta, impusieron la ley militar y anularon la disidencia.

NEOFASCISMO

Ningún país ni grupo político se autodefine hoy como fascista. No obstante, los términos neofascista y neonazi se aplican a grupos e individuos partidarios del fascismo y el nazismo. Entre ellos se incluyen la Liga de Defensa Inglesa y la Agrupación Nacional francesa. Sus discursos son marcadamente nacionalistas y xenófobos. En las noticias aparece con frecuencia la llamada derecha alternativa, un movimiento supremacista blanco de extrema derecha surgido en Estados Unidos hacia 2010. Sus simpatizantes portan esvásticas nazis, son antisemitas y exigen estrictos controles a la inmigración. Como reacción a estos grupos ha surgido una activa red antifascista.

«Nunca olviden que todo lo que hizo Hitler en Alemania fue legal».

MARTIN LUTHER KING, JR (1929-1968)
Activista por los derechos civiles estadounidense

HITLER LLEGA AL PODER

SEPTIEMBRE DE 1919-AGOSTO DE 1934

Tras la derrota de Alemania en la I Guerra Mundial (1914-1918), el excabo del Ejército alemán Adolf Hitler vio la oportunidad de lograr apoyo para su partido nacionalsocialista: convenció a la gente de que los nazis podían hacer grande de nuevo a la humillada Alemania.

Hitler ingresó en el Partido Obrero Alemán (luego Partido Nacionalsocialista Obrero Alemán) en 1919 y, con su talento para la oratoria, se convirtió en su líder en 1921. Pero el apoyo popular tardaba en llegar y, en 1923, intentó derrocar al Gobierno con un golpe de Estado, tras cuyo fracaso fue encarcelado por traición.

Las noticias sobre su juicio convirtieron a Hitler en una figura pública. Tras su liberación buscó el poder mediante la propaganda y la intimidación. Culpando a los comunistas y a los judíos del caos político y económico en Alemania, unió a la nación en contra de esos supuestos enemigos y el apoyo a los nazis creció. En 1933, con su partido aún fuera del poder, se convirtió en canciller (jefe del Gobierno) por un acuerdo político secreto.

Semanas después hubo un misterioso incendio en el Reichstag (Parlamento). Hitler culpó a los comunistas y logró que se aprobara la llamada ley habilitante, que le permitía aprobar leyes sin el consenso del Parlamento. La usó para prohibir la oposición. En 1934 se hizo con el poder absoluto y se autoproclamó *führer* (líder). Su dictadura llevaría al mundo a la guerra de nuevo en 1939.

Poder y gloria

Hitler en el Festival de la Cosecha de 1934. Los nazis usaron el poderoso atractivo de los uniformes, los símbolos y los saludos para lograr el apoyo popular.

«No soy un individuo. Soy un pueblo».
HUGO CHÁVEZ (1954-2013)
Expresidente de Venezuela

EL POPULISMO es...

UNA ESTRATEGIA POLÍTICA QUE AFIRMA DEFENDER LOS INTERESES DE LA GENTE CORRIENTE CONTRA UNA ÉLITE PRIVILEGIADA O CORRUPTA

El término populismo ha aparecido con frecuencia en los medios en la última década. Se asocia a políticos como Donald Trump (Estados Unidos) o Marine Le Pen (Francia) y a partidos como Unidas Podemos (España). Es una estrategia en alza que usan partidos tanto de derechas como de izquierdas y promueve la idea de que la sociedad está dividida en dos grupos humanos –el pueblo y la élite– que viven enfrentados.

LÍDERES CARISMÁTICOS

Los líderes populistas suelen ser descritos como personas demagogas, carismáticas y exuberantes, con habilidad para enardecer a las multitudes. Pueden identificarse con un partido político o no, pero se presentan como defensores del pueblo. En la dialéctica populista, el pueblo está formado por individuos puros, moralmente superiores a la élite, considerada corrupta, antidemocrática y egoísta.

LENGUAJE EMOTIVO

Estratégicamente, los líderes populistas usan un lenguaje emotivo para apelar a las arraigadas inquietudes de sus partidarios, que se sienten traicionados por el poder. En su campaña de las elecciones presidenciales de 2016, Donald Trump habló a menudo de "drenar la ciénaga", con lo que se refería a librar de la corrupción al Gobierno de Estados Unidos. Expresar preocupación por la democracia es otro argumento recurrente. En la década de 2010, Nigel Farage, líder del Partido para la Independencia del Reino Unido, ganó adeptos por su campaña populista contra la Unión Europea alegando que esta era antidemocrática y exigiendo la devolución de la soberanía británica. De esta forma, los políticos populistas usan las vías democráticas para conseguir influencia, pero intentan socavar esas vías cuando llegan al poder.

MOVIMIENTOS POPULISTAS

La crisis financiera de 2008, los apuros económicos y la desigualdad social dieron alas a varios movimientos populistas, mayormente de izquierdas. Entre ellos se incluyen el movimiento internacional Occupy, que puso de relieve las injusticias económicas y sociales bajo el eslogan «Somos el 99 %»; el partido político español Podemos, en contra de las políticas de austeridad, y los *gilets jaunes* (chalecos amarillos), que tomaron las calles en 2018 contra el Gobierno francés.

EN EL PODER

La oposición a las minorías étnicas y el éxodo de refugiados de guerra han aumentado el apoyo al populismo. También la percepción de que la globalización no ha beneficiado a todos los grupos sociales. El populismo ha aprovechado estas cuestiones para llegar al poder. Entre los líderes populistas de izquierdas destaca el expresidente de Venezuela Hugo Chávez, cuyo partido siguió en el

poder tras su muerte, en 2013. La formación griega Syriza, una coalición radical de izquierdas que alcanzó el poder en 2015, atribuyó los problemas económicos de Grecia a las políticas de los partidos tradicionales. Muchos partidos populistas actuales son de derechas. Algunos adoptan posturas nacionalistas y xenófobas y atacan a lo que consideran una élite intelectual y liberal que permite la inmigración. Es el caso de la Agrupación Nacional de Marine Le Pen, en Francia, y la Unión Cívica Húngara de Viktor Orbán. Aunque sus líderes se presentan como verdaderos demócratas, en la práctica les incomoda el debate democrático y restringen la libertad de prensa.

ATRACTIVO

El atractivo del populismo consiste en que habla directamente a la gente en contra de las élites y ofrece soluciones simples a situaciones complejas. Su auge refleja un distanciamiento del electorado con los partidos tradicionales, que parecen ajenos a las vidas de la gente corriente. Las ideas populistas se difunden con rapidez a través de las redes sociales, pero su aparente sencillez puede derivar en desinformación.

«Desde hoy, una nueva visión gobernará nuestra tierra… Estados Unidos primero».

DONALD TRUMP (n. 1946)
Presidente de Estados Unidos, en su toma de posesión en 2016

LA ELECCIÓN DE DONALD TRUMP

8 DE NOVIEMBRE DE 2016

En 2016, Donald Trump, candidato del Partido Republicano, se convirtió por sorpresa en el 45.º presidente de Estados Unidos. Este disidente ajeno a la política usó el populismo para atraer al electorado.

El apoyo a Trump provino de votantes que se habían sentido abandonados por los políticos y querían un cambio radical. Ese descontento fue aprovechado por un procaz personaje de la telerrealidad, que se negó a ceñirse al guion.

Trump, heredero de un imperio inmobiliario, nunca había ejercido un cargo político. Se presentó como anti-establishment, opuesto a los grupos sociales que siempre han tenido el poder. Con su dialéctica populista, situó al pueblo frente a la élite y prometió dar poder a la gente. Agitó a las multitudes con consignas contra su rival por la presidencia, Hillary Clinton, del Partido Demócrata. Trump utilizó Twitter para comunicarse con sus seguidores y evitó los medios tradicionales, a los que acusó de difundir «noticias falsas».

Las promesas para adular a las masas incluían bajar los impuestos, poner a «Estados Unidos primero» en los acuerdos comerciales y la política exterior, negar el cambio climático y desestimar la energía limpia a favor de la minería de carbón. A problemas complejos, como la inmigración ilegal, propuso soluciones simples, como construir un muro a lo largo de la frontera con México.

«Que Estados Unidos vuelva a ser grande»
Un día antes de las elecciones, Trump pronuncia un discurso en Carolina del Norte, en el que apela a la gente que se siente olvidada por la globalización.

Estado y SOCIEDAD

LA CONSTITUCIÓN es...

La Constitución estadounidense

LOS DERECHOS HUMANOS son...

El boicot de Montgomery

LA SEPARACIÓN DE PODERES es...

EL DEBATE POLÍTICO es...

LAS ELECCIONES son...

Elecciones en la India

EL SUFRAGIO es...

Mary Wollstonecraft

EL FEDERALISMO es...

UN GOLPE DE ESTADO es...

¿CÓMO FUNCIONA LA DEMOCRACIA?

¿TODO EL MUNDO DEBE TENER UNOS DERECHOS HUMANOS BÁSICOS?

¿PUEDE VOTAR TODO EL MUNDO, SIN DISTINCIÓN DE RAZA O GÉNERO?

¿DERECHOS CIVILES Y DERECHOS HUMANOS SON LO MISMO?

¿DEBERÍA SER OBLIGATORIO VOTAR PARA LOS ADULTOS?

¿QUÉ LIBERTADES Y RESPONSABILIDADES SE DEFINEN EN UNA CONSTITUCIÓN?

¿CÓMO AFECTAN LOS SISTEMAS ELECTORALES A LOS RESULTADOS DE LAS ELECCIONES?

La democracia otorga a la ciudadanía el poder de elegir quién gobierna. Para asegurarse de que un Estado es justo y libre es necesario el consentimiento de la sociedad.

Los Estados democráticos se basan en los derechos humanos y civiles. Estos pueden recogerse en una constitución, que es un acuerdo que establece las relaciones entre un gobierno y una sociedad.

En una democracia, los ciudadanos eligen el gobierno. Lo hacen votando a unos representantes que toman decisiones sobre cómo gestionar el país.

Las instituciones del gobierno que se encargan de que funcione el Estado varían de un país a otro, pero generalmente constan de un parlamento o asamblea, una presidencia y un sistema judicial. Las tres trabajan con la misma finalidad y se controlan entre sí.

¿CUÁL ES EL PAPEL DE LA **ASAMBLEA** O EL PARLAMENTO ELECTO?

¿QUÉ DIFERENCIA HAY ENTRE UN **PRESIDENTE** Y UN **PRIMER MINISTRO**?

¿QUÉ HACE EL **GOBIERNO** EXACTAMENTE?

¿QUÉ ES EL **ESTADO DE EXCEPCIÓN**?

¿QUÉ TIENE QUE VER EL **SISTEMA JUDICIAL** CON EL FUNCIONAMIENTO DE UN **PAÍS**?

¿CÓMO SE REPARTE EL **PODER** EN UN SISTEMA DE **GOBIERNO FEDERAL**?

> **«La ley es la expresión de la voluntad general. (…) Debe ser igual para todos, tanto si protege como si castiga».**
>
> **DECLARACIÓN DE LOS DERECHOS DEL HOMBRE Y DEL CIUDADANO**
> Aprobada por la Asamblea Nacional Constituyente de Francia en 1789

UNA CONSTITUCIÓN es...

UN CONJUNTO DE NORMAS QUE REGULAN EL GOBIERNO DE UN PAÍS Y LOS DERECHOS DE SUS CIUDADANOS

Una constitución es un conjunto de normas sobre cómo se gobierna un país, cómo se divide el poder y qué derechos y protecciones poseen sus ciudadanos según la ley.

En la mayoría de los países, esas normas se plasman en un único documento. La primera Constitución de los Estados Unidos, redactada en 1787, tenía 4 400 palabras y 4 páginas; la Constitución de la India, aprobada en 1950, tiene 145 000 palabras y 232 páginas. En contraste, el Reino Unido no tiene un documento único, sino actas del parlamento, sentencias judiciales y convenciones establecidas a lo largo de varios siglos.

VALORES Y ASPIRACIONES

Una constitución, más que un conjunto de normas, es una expresión de la identidad política de un país. Suele empezar con una corta declaración (el preámbulo) que resume los valores que defiende la nación mediante la exposición de los ideales a los que aspira.

Por ejemplo, la Constitución india resalta la justicia, la libertad, la igualdad y la fraternidad en su preámbulo, mientras que la irlandesa manifiesta que desea «promover el bien común, con la debida observancia de la Prudencia, la Justicia y la Caridad». Aunque emplean terminología diferente, ambas declaraciones pretenden inspirar a los ciudadanos –y a sus representantes electos– y animarlos a ser ambiciosos en sus esfuerzos para estar a la altura de los ideales de su país.

DERECHOS DEL CIUDADANO

Una parte clave de cualquier constitución son los derechos de la ciudadanía. En 1776, la Declaración de Independencia de los

Estados Unidos de América expuso los derechos de sus ciudadanos a «la vida, la libertad y la búsqueda de la felicidad». En 1789, en la Francia revolucionaria, la Declaración de los Derechos del Hombre y del Ciudadano proclamó que «Los hombres nacen y permanecen libres e iguales en derechos». Estas dos declaraciones históricas, que sentaron los fundamentos de las nuevas repúblicas de Estados Unidos y Francia, influyeron en las democracias de todo el mundo.

DÓNDE RESIDE EL PODER

Una constitución normalmente define las funciones de los tres poderes del Estado: el ejecutivo (el gobierno de turno, liderado por un presidente o un primer ministro), el legislativo (la asamblea que hace las leyes) y el judicial (los tribunales que imparten justicia). También detalla cómo el presidente o el primer ministro debe rendir cuentas ante los diferentes poderes y cómo debe ser elegido (y cesado).

En este sistema de separación de poderes, la constitución precisa dónde reside la soberanía. En Estados Unidos, el titular último de la soberanía es el pueblo, lo cual se reconoce en su Constitución, que empieza así: «Nosotros, el Pueblo…». En el Reino Unido, la soberanía reside en la Corona y el Parlamento, aunque la reina tiene un papel eminentemente protocolario, mientras que el Parlamento, en representación del pueblo, es la máxima autoridad legislativa.

Para asegurar la representación justa y efectiva del pueblo, la constitución debe detallar reglas electorales tales como cuándo y cómo se celebran las elecciones, quién puede participar, cómo se deciden los resultados y quién debe hacer cumplir dichas reglas.

¿INAMOVIBLE?

En la mayoría de las democracias, la constitución es un documento vivo que puede adaptarse y cambiarse. Por tanto, debe especificar cómo puede ser enmendada de manera que continúe reflejando los valores y principios nacionales mientras incorpora cuestiones que no se consideraron relevantes cuando fue redactada.

Sin embargo, la constitución está sobre las demás leyes y ninguna persona o grupo tiene el poder de alterarla. Solo puede cambiarse con el máximo consenso posible: mediante una mayoría de los representantes electos o un referéndum.

LA CONSTITUCIÓN ESTADOUNIDENSE

1776-1791

Las estructuras políticas de muchas naciones han evolucionado con el tiempo, pero los Estados Unidos nacieron con una constitución hecha a medida. Esta define el marco del Gobierno a la vez que limita su poder y otorga derechos legales a los ciudadanos.

El 4 de julio de 1776, las trece colonias británicas de Norteamérica se declararon independientes. En 1783, esos Estados en ciernes derrotaron a Gran Bretaña en la Guerra de Independencia de los Estados Unidos.

En 1787, en la Convención de Filadelfia, 55 delegados debatieron cómo gobernar la nueva república. La Constitución que redactaron entró en vigor en 1789 y fue enmendada con la Carta de Derechos en 1791. El documento establecía un sistema de gobierno con controles y equilibrios entre el Congreso, el presidente y los tribunales para restringir el poder excesivo. También abordaba las tensiones entre el Gobierno federal y unos Estados extremadamente independientes.

El país está formado ahora por 50 Estados y la Constitución sigue vigente. En el debate político a menudo se citan sus principios, como la libertad de expresión y el derecho de reunión recogidos en la Primera Enmienda o el derecho a portar armas reconocido por la Segunda Enmienda. Con 27 enmiendas entre 1791 y 1992, la Constitución estadounidense sigue evolucionando.

Signatarios de la Constitución de los Estados Unidos
George Washington presidió la Convención de los 39 delegados que firmaron la Constitución en 1787; más tarde se convertiría en el primer presidente del país.

«Creo que ninguna constitución estuvo jamás tan bien calculada como la nuestra».

THOMAS JEFFERSON (1743-1826)
Padre fundador y tercer presidente de Estados Unidos

«Negar a las personas sus derechos humanos es poner en duda su humanidad».

NELSON MANDELA (1918-2013)
Activista por los derechos civiles y expresidente de Sudáfrica

LOS DERECHOS HUMANOS son...

NORMAS Y LEYES QUE PERMITEN A TODAS LAS PERSONAS VIVIR CON DIGNIDAD, LIBERTAD, IGUALDAD, JUSTICIA Y PAZ

VER TAMBIÉN:

Nelson Mandela
páginas 34-35

Constitución
páginas 72-73

El boicot de Montgomery
páginas 78-79

Organizaciones internacionales
páginas 146-147

Los derechos humanos son maneras fundamentales de vivir y ser tratados que todos los seres humanos merecen por su condición humana. Un gobierno que no respete los derechos de sus ciudadanos se arriesga a perder su apoyo y, por tanto, el derecho a gobernar.

UNA LARGA HISTORIA

Ciro el Grande, rey de Persia, publicó leyes protegiendo los derechos de sus súbditos en 539 a.C., pero ni él ni el resto del mundo antiguo veían tales derechos propios de todos por igual. Fue la Carta Magna inglesa la que estableció en 1215 el principio de igualdad ante la ley. En 1689, el filósofo inglés John Locke definió los derechos naturales –el derecho a la vida, a la libertad y a la propiedad– como parte esencial del ser humano.

En 1776, la Declaración de Independencia de Estados Unidos proclamó que «todos los hombres son creados iguales» y están dotados de «ciertos derechos inalienables». En 1789, la Revolución Francesa declaró que «Los hombres nacen y permanecen libres e iguales en derechos» y que «Esos derechos son la libertad, la propiedad, la seguridad y la resistencia a la opresión».

Tras la II Guerra Mundial, en 1948, la Asamblea General de las Naciones Unidas (ONU) adoptó la Declaración Universal de los Derechos Humanos, cuyos 30 artículos recogen derechos fundamentales y de índole económica, social y cultural, como la libertad de expresión, la alimentación, la vivienda, la educación, la salud, el trabajo, etc.

Se ha debatido mucho sobre la importancia de la libertad del individuo ante la intromisión del Estado y si choca con el derecho a tener cubiertas ciertas necesidades.

DERECHOS CIVILES

Mientras los derechos humanos son, al menos en teoría, derechos fundamentales en el ámbito internacional, los derechos civiles se refieren a las leyes y costumbres que protegen la libertad en un país concreto y varían entre unos y otros países. Los activistas por los derechos civiles exigen iguales oportunidades y protección legal, sin distinción de raza, religión o posición económica.

El movimiento por los derechos civiles en Estados Unidos, por ejemplo, luchó por garantizar derechos políticos, sociales y económicos a los afroamericanos entre 1946 y 1968. Varias leyes prohibieron el racismo y la discriminación; la última se aprobó pocas semanas antes del asesinato del activista Martin Luther King Jr, en 1968.

Sin embargo, los avances en derechos civiles se han detenido en Estados Unidos, a pesar de la elección del primer presidente afroamericano de la nación, Barack Obama, en 2008. La injusta muerte de un adolescente negro en Florida en 2012 desató el movimiento Black Lives Matter, que reclama igualdad para los afroamericanos en el sistema judicial.

Otros colectivos han reivindicado sus derechos civiles. Desde la década de 1960, las mujeres, los discapacitados y la comunidad LGTB han luchado por su inclusión en las sociedades en plena igualdad.

UNA TAREA INCOMPLETA

La ONU sigue redactando leyes e invirtiendo grandes sumas en proteger y promover los derechos humanos (y civiles) en el mundo. Por ejemplo, la Convención sobre la Eliminación de todas las Formas de Discriminación contra la Mujer, de 1979, ayuda a las mujeres en las sociedades patriarcales. Aunque casi todos los países apoyan a la ONU en su lucha contra la explotación sexual y los abusos a mujeres y niños, los avances son lentos.

Organizaciones como Human Rights Watch y Amnistía Internacional presionan a los gobiernos para que se ocupen de los derechos humanos. Algunos países imponen sanciones económicas y políticas a otros, a riesgo de provocar reacciones violentas que incrementen el sufrimiento de las personas.

A menor escala, las organizaciones deportivas boicotean competiciones en países donde no se respetan los derechos humanos. En el ámbito personal, los ciudadanos pueden tomar decisiones éticas sobre dónde consumen para no financiar regímenes abusivos.

«No era justo que
nos maltrataran, y yo
estaba cansada de eso».

ROSA PARKS (1913-2005)
Activista por los derechos civiles estadounidense

EL BOICOT DE MONTGOMERY

DICIEMBRE DE 1955-DICIEMBRE DE 1956

En un autobús de Montgomery, Alabama, una mujer negra se negó a ceder su asiento a una persona blanca. Su gesto individual provocó la primera protesta masiva contra la segregación racial en Estados Unidos.

El 1 de diciembre de 1955, Rosa Parks, una costurera de 42 años, tomó el autobús desde su trabajo a casa. Por aquel entonces, las leyes segregaban a los negros en el transporte público. Cuando el autobús se llenó, el conductor le pidió a Parks y a otros tres pasajeros negros que cedieran sus asientos en la primera fila de la sección para afroamericanos a personas blancas. Parks se negó y fue arrestada.

La noticia se propagó con rapidez entre la comunidad negra de Montgomery. Sus líderes, incluido un joven pastor bautista llamado Martin Luther King, Jr, decidieron boicotear la red de autobuses. Desde el 5 de diciembre de 1955, día del juicio de Parks, unos 40 000 afroamericanos —el 75 % de los usuarios de los autobuses— dejaron de usar el servicio y empezaron a desplazarse a pie, en taxi o en coches compartidos. El boicot duró 381 días y atrajo la atención del país. Su impacto en la economía local fue enorme.

El 20 de diciembre de 1956, el Tribunal Supremo declaró inconstitucional la segregación en el transporte público. El boicot terminó el día siguiente. Los ciudadanos, blancos y negros, recibieron el potente mensaje de que se pueden conseguir resultados con medios no violentos. El acontecimiento contribuyó al movimiento por los derechos civiles e inspiró las campañas de su futuro líder, Martin Luther King, Jr.

Una victoria para los derechos civiles

Rosa Parks se sube a un autobús en diciembre de 1956, marcando así el final del boicot de Montgomery. Su actitud había propiciado el fin de la segregación en los autobuses.

«El poder debería servir para controlar al poder».

BARÓN DE MONTESQUIEU (1689-1755)
Filósofo francés

LA SEPARACIÓN DE PODERES es...

UN MODELO DE GOBIERNO QUE DIVIDE LA RESPONSABILIDAD EN TRES ÁREAS PARA QUE NINGUNA CONCENTRE TODO EL PODER

VER TAMBIÉN:

Constitución
páginas 72-73

La Constitución estadounidense
páginas 74-75

Debate político
páginas 82-83

En una democracia moderna, cada una de las tres funciones esenciales del gobierno —elaborar las leyes, ponerlas en práctica e interpretarlas— la desempeña un órgano específico.

LOS TRES PODERES

El órgano del gobierno que hace y enmienda las leyes es el poder legislativo. Consiste en un parlamento, asamblea o congreso formado por representantes elegidos por los ciudadanos, que pertenecen a diferentes grupos conocidos como partidos políticos. Entre todos proponen, examinan y debaten las políticas —las ideas sobre cómo mejorar las vidas de los ciudadanos y hacer que la sociedad funcione, lo cual requiere nuevas leyes— y votan para aprobarlas o rechazarlas.

El presidente o el primer ministro encabeza el poder ejecutivo. Este es el órgano responsable de gestionar el país implementando las políticas y leyes aprobadas por el poder legislativo. El ejecutivo está formado por un pequeño grupo llamado consejo de ministros, aunque es más conocido como gobierno. Este órgano se apoya en la administración pública para poner en práctica las políticas y leyes.

El sistema legal de un país es su poder judicial, el órgano del gobierno que interpreta las leyes y emite juicios a través de los tribunales. Está formado por los jueces y otros profesionales del derecho, que garantizan que las leyes se apliquen a toda la sociedad, incluidos los otros dos poderes.

La idea de la separación de poderes se introdujo en la antigua Grecia, cuna de la democracia, y en la República romana. Pero fue Montesquieu, jurista y filósofo del siglo XVIII, quien desarrolló el modelo tripartito que se aplica hoy.

Esta separación está pensada para evitar que un órgano acumule demasiado poder y deba rendir cuentas a los otros. Cada órgano del gobierno posee cierto control sobre los otros dos y puede enmendar o vetar sus acciones.

PRESIDENTE O PARLAMENTO

La separación de poderes tiene su máxima expresión en democracias presidencialistas como la de Estados Unidos. El presidente electo (cabeza del ejecutivo) no es responsable ante el poder legislativo.

En un sistema parlamentario, las personas que forman el ejecutivo (el gobierno) proceden del legislativo (el parlamento) y son responsables ante este. El partido político que consigue la mayoría de los votos forma el nuevo gobierno y elige a un presidente o primer ministro.

En este sistema, el presidente o primer ministro es el jefe del gobierno, mientras que el jefe del Estado suele ser un monarca o un presidente protocolario, sin funciones ejecutivas. Algunos países, como Alemania, Francia y la India, tienen un presidente y un primer ministro que comparten las responsabilidades de gobierno; es el llamado sistema semipresidencial.

EL PODER RINDE CUENTAS

Cuando el ciudadano vota a favor de un gobierno está votando por las promesas de gobierno de un partido o un candidato. Esas promesas, que se exponen durante la campaña electoral y luego se convierten en políticas, explican cómo planea el gobierno, por ejemplo, financiar la enseñanza pública o abordar el cambio climático.

Para que la ciudadanía sepa si el gobierno que ha aupado al poder defiende sus intereses y cumple esas promesas, el sistema de controles y equilibrios permite que rinda cuentas ante los otros dos poderes.

El requisito de que el ejecutivo explique sus acciones o su inacción forma parte del núcleo de cualquier democracia plena.

EJECUTIVO

LEGISLATIVO

JUDICIAL

«El diálogo es la esencia de la política parlamentaria».

SHARAD PAWAR (n. 1940)
Prominente político indio

EL DEBATE POLÍTICO es...

EL PROCESO POR EL CUAL LOS POLÍTICOS DE UNA DEMOCRACIA PARLAMENTARIA TOMAN DECISIONES SOBRE CÓMO GOBERNAR

El debate –la discusión formal de un tema en un lugar público– está en el núcleo de la democracia parlamentaria. La palabra parlamento deriva del verbo francés *parler* (hablar) y, en una democracia, los ciudadanos eligen representantes para hacer precisamente eso. El debate es la forma en que el parlamento –o la asamblea nacional o el congreso– cumple con su rol representativo, controlando lo que hace el gobierno (incluidos los impuestos y gastos) y legislando.

PARTIDOS POLÍTICOS

En el debate democrático son esenciales los partidos políticos (grupos organizados de personas que comparten ideas similares sobre cómo gobernar sus países). Suelen defender una ideología (como el conservadurismo, el liberalismo o el socialismo) o un asunto particular (como el medio ambiente). Hay partidos políticos en la mayoría de los países, a menos que estén prohibidos (como en las dictaduras). Existen sistemas de un solo partido, bipartidistas o multipartidistas. En los Estados unipartidistas, como China o Corea del Norte, no existe la opción de elegir partidos o políticas diferentes, lo cual no es democrático.

POLÍTICA GUBERNAMENTAL

Antes de unas elecciones, cada partido decide sus políticas –las medidas en asuntos como la educación, la criminalidad o la economía– y presenta un programa a los votantes. El partido que gana las elecciones acuerda una agenda anual de lo que desea que se discuta en el parlamento; este elige un presidente para moderar los debates.

Las promesas electorales y las críticas a los demás partidos –en el periodo electoral, en el parlamento y en los medios de comunicación– forman parte del debate político. Muchas personas rechazan el estilo antagónico de la política de partidos y desconfían de los políticos que exageran sus logros e insultan a sus adversarios. Hay quienes dudan de que el debate sea provechoso para la sociedad y nunca votan. No obstante, los partidos llevan la voz de la ciudadanía al parlamento y son un valioso vínculo entre el Estado y la sociedad. Entidades sociales (como las organizaciones benéficas o los sindicatos), las empresas y ciertas personas tratan de influir en los partidos y gobiernos para que tengan en cuenta sus intereses. Los activistas presionan organizando protestas para demandar cambios.

Allá donde esas formas de debate tengan lugar –en los gobiernos nacionales o locales, en los medios de comunicación o en la calle– la libertad de expresión es esencial para que se escuche la opinión de la gente.

RENDIR CUENTAS

En una democracia, el papel de la oposición –los partidos que no están en el poder– es exigir explicaciones al partido que ejerce el poder. Lo hace en el parlamento cuestionando las acciones del gobierno y los incumplimientos de las promesas hechas al electorado.
Si el gobierno de una democracia parlamentaria fracasa al gestionar el país y se inicia una crisis, el parlamento puede debatir una moción de censura al gobierno. Esta quizás dé paso a unas elecciones para elegir otro gobierno. En las democracias presidenciales, si el presidente es acusado de abusar de su posición, el congreso o la asamblea nacional debate si los cargos en contra son lo bastante graves para destituirlo.

> «Los ingleses piensan que son libres. Solo son libres durante la elección de los miembros del Parlamento».
>
> **JEAN-JACQUES ROUSSEAU (1712-1778)**
> Filósofo ginebrino

LAS ELECCIONES son...

UNAS VOTACIONES EN LAS QUE LA GENTE ELIGE A UNA PERSONA PARA OCUPAR UN CARGO OFICIAL EN UNA ASAMBLEA U OTRA FORMA DE GOBIERNO

VER TAMBIÉN:

← **Democracia**
páginas 32-33

→ **Elecciones en la India**
páginas 86-87

→ **Sufragio**
páginas 88-89

En una democracia representativa los ciudadanos votan a políticos para que los representen en un parlamento o asamblea. En algunos países también se elige al presidente. Las elecciones tienen lugar en muchos otros ámbitos –desde consejos estudiantiles hasta sindicatos–, pero la elección de un nuevo gobierno afecta a toda la ciudadanía.

Cada votante elige a unos candidatos basándose en el partido político al que pertenecen y en el grado de coincidencia de las políticas de ese partido con sus propias ideas. Cada partido publica sus promesas electorales en un programa, que es un conjunto de políticas que se propone poner en práctica si llega al gobierno. La personalidad y la reputación de los candidatos también influyen en los votantes.

SUFRAGIO DIRECTO

Existen diferentes sistemas electorales para designar a los miembros de un parlamento o asamblea y cada sistema produce un resultado distinto.

Según el escrutinio mayoritario uninominal o sufragio directo, el candidato que obtiene la mayoría de los votos en una circunscripción o distrito electoral es elegido como miembro del parlamento. En las democracias parlamentarias, el partido que tiene más candidatos electos forma el nuevo gobierno.

Este sistema o sus variantes se usan en un tercio de los países del mundo, incluidos el Reino Unido, Estados Unidos, Canadá, Francia y la India. Favorece a los grandes partidos, mejor implantados y más conocidos, y perjudica a partidos pequeños y nuevos con intereses concretos como el medio ambiente.

Los candidatos de los grupos minoritarios rara vez atraen a la mayoría de los votantes y los parlamentos desatienden sus intereses.

SISTEMA CON LISTAS

Muchos países optan por sistemas electorales basados en la representación proporcional, que en general cuentan los votos obtenidos por los partidos en todo el país en vez de en cada distrito electoral. En el sistema con listas de candidatos, por ejemplo, el número de representantes de un partido depende del porcentaje de votos obtenido. Los partidos pequeños tienen más opciones de conseguir escaños que en el sufragio directo.

Esto parece más justo, pero a menudo implica que ningún partido obtenga mayoría absoluta y deban gobernar dos o más partidos en coalición. Para este tipo de gobiernos es difícil llegar a acuerdos y aplicar políticas, y no suelen durar mucho. Italia, que hasta 1994 usó el sistema con listas de candidatos, tuvo 65 gobiernos en los 70 años previos a la II Guerra Mundial.

SISTEMAS MIXTOS

Además de la inestabilidad política, otra desventaja de la representación proporcional es que los votantes no conocen a sus representantes. Por esta razón, algunos países usan sistemas que combinan la representación proporcional y la uninominal, como el sistema de miembro adicional, propio de Alemania, Nueva Zelanda y las asambleas de Escocia y Gales.

Irlanda del Norte, aunque forma parte del Reino Unido, tiene su propia asamblea, elegida por un sistema conocido como voto único transferible. Los votantes clasifican a los candidatos por orden de preferencia para elegir a un ejecutivo de poder compartido, una coalición de partidos rivales. Este sistema se estableció en el proceso de paz tras el conflicto de 1969 a 1998.

REFERÉNDUMS

En la democracia directa, los ciudadanos, en vez de elegir a sus representantes, deciden asuntos concretos mediante referéndums. El gobierno cede la responsabilidad de tomar esas decisiones a la ciudadanía.

En el Reino Unido, en 2016, los ciudadanos votaron sobre la salida o la permanencia en la Unión Europea. Suiza celebra consultas populares desde 1798 y ha convocado más que cualquier otro país. Solo entre 1996 y 2016 organizó 180 referéndums sobre asuntos como la implantación de domingos sin automóviles o la abolición del ejército.

«La verdadera democracia no pueden hacerla 20 hombres sentados en el centro. Tiene que hacerse desde abajo, en cada pueblo».

MAHATMA GANDHI (1869-1948)
Activista por los derechos civiles y líder independentista indio

ELECCIONES EN LA INDIA

ABRIL Y MAYO DE 2019

Con 1300 millones de habitantes, la India es la mayor democracia del mundo. Unos 900 millones de ciudadanos –hombres y mujeres mayores de 18 años– tienen derecho a votar.

La India es una república federal con una democracia parlamentaria. Sus elecciones son todo un desafío. El país tiene 3287 millones de km² y algunas áreas rurales son muy remotas, pero los puntos de votación nunca quedan a más de 2 km de cada votante. Las elecciones duran seis semanas y se vota en máquinas electrónicas que muestran los símbolos de los partidos políticos de los candidatos; el 25 % de los indios son analfabetos y reconocen mejor los símbolos que los nombres. Los funcionarios llevan las máquinas al Himalaya en yak, a la selva en elefante y al desierto en camello.

La mayoría de la población es hindú, pero más de 300 millones de indios pertenecen a minorías religiosas, incluidos 200 millones de musulmanes. Con el nacionalismo hindú en auge, las elecciones más recientes han estado marcadas por la violencia y la privación del derecho al voto, sobre todo contra los musulmanes y los *dalits* o parias (la casta social más baja). Las de 2014 fueron conocidas como las elecciones de las redes sociales: los grandes partidos invirtieron mucho dinero en captar votantes con mensajes personalizados. Este tipo de campaña digital no regulada es una tendencia global que desafía las estrictas normas que garantizan unas elecciones libres y justas.

Esperando para votar

Estas mujeres del norte de la India muestran sus registros de votantes mientras hacen cola para votar en las elecciones generales de 2019. De los 8000 candidatos, solo el 8,8 % eran mujeres.

> «Votar es el derecho más preciado del ciudadano».
>
> **HILLARY RODHAM CLINTON (n. 1947)**
> Exsecretaria de Estado de Estados Unidos

EL SUFRAGIO es...

EL DERECHO DEL CIUDADANO A VOTAR EN UNAS ELECCIONES SIN DISTINCIÓN DE RAZA, GÉNERO, ESTADO DE SALUD O POSICIÓN SOCIAL

El derecho a votar es fundamental en la democracia moderna, pero la historia del sufragio es larga y compleja. En la antigua Grecia solo podían votar los ciudadanos varones adultos; las mujeres y los esclavos no eran ciudadanos y no votaban. Ni siquiera las revoluciones del siglo XVIII, inspiradas en los ideales de la libertad y la igualdad, ampliaron el derecho más allá de los varones blancos con propiedades.

En el siglo XIX, el movimiento obrero y el sufragismo lucharon por ampliar el derecho al voto. En Estados Unidos participaron en esta lucha los grupos abolicionistas, que exigían la ampliación del derecho a la población negra. En el Reino Unido, las *suffragettes* reivindicaron el sufragio femenino con acciones violentas. Nueva Zelanda fue el primer país que otorgó este derecho a las mujeres, en 1893. La I Guerra Mundial puso fin a la época de los imperios y las viejas jerarquías. En 1918, el Reino Unido dio derecho al voto a las mujeres mayores de 30 años y a los hombres mayores de 21; en 1928 se amplió a las mujeres mayores de 21 y, en 1969, la edad se redujo a 18 años.

En Estados Unidos las mujeres obtuvieron el derecho al voto en 1920 y la edad mínima se redujo a 18 años en 1971. En Arabia Saudí no existió el sufragio femenino hasta 2015.

SUFRAGIO UNIVERSAL

La batalla por el sufragio universal –que reconoce el derecho al voto a todo ciudadano adulto, sin distinción de raza, género o renta– ha resultado ser larga y dura.

En muchos países, las personas negras no pudieron votar hasta décadas después de las mujeres blancas. En Australia, los aborígenes no obtuvieron el derecho al voto hasta 1962. En Estados Unidos, la Ley de Derecho al Voto de 1965 derogó la obligatoriedad de los exámenes de lectoescritura, discriminatorios sobre todo para los afroamericanos. Sudáfrica celebró su primer sufragio universal en 1994 tras décadas de *apartheid,* el sistema de segregación racial que prohibía votar a la población negra.

PRIVADOS DEL DERECHO

A pesar de que el sufragio está ampliamente reconocido como derecho humano fundamental, millones de personas en todo el mundo no pueden ejercerlo. Entre los grupos privados del derecho al voto están los que no poseen la nacionalidad del Estado donde viven, los convictos por crímenes, las personas pobres y sin hogar, y quienes temen represalias por votar. En las sociedades patriarcales se les dice a las mujeres a quién votar o incluso se les impide. En Afganistán, donde se aplica la *sharía* (ley islámica), las mujeres solo pueden salir de casa acompañadas de un varón, lo cual restringe su derecho al voto.

Para combatir esta privación, grupos de observadores asesoran a los gobiernos para que las elecciones sean libres y justas. Supervisan todo el proceso, desde la información de los votantes y las campañas de los candidatos hasta los centros de votación y el recuento final.

FOMENTAR LA PARTICIPACIÓN

Muchas personas pueden votar libremente pero deciden no hacerlo. Para conseguir que participe más gente en los procesos electorales, una decena de países –incluidos Argentina, Brasil, Ecuador y Austria– han reducido la edad mínima para votar a los 16 años.

En algunos países votar es obligatorio. En Australia, por ejemplo, quien no vota se expone a ser multado. Hay quienes sugieren que votar solo debería ser obligatorio para los jóvenes la primera vez. Una vez que se vota, es más probable que se siga haciendo durante toda la vida. Esta iniciativa no solo incrementaría la participación entre la gente joven; también garantizaría que los partidos políticos prestasen más atención a sus preocupaciones.

Mary Wollstonecraft

1759-1797

A la escritora y filósofa radical angloirlandesa Mary Wollstonecraft no la llamaban feminista en su tiempo: el término no se usaría hasta 100 años después. No obstante, fue una de las primeras defensoras de la igualdad de la mujer. Sostenía que las chicas debían recibir la misma educación que los chicos. Sus avanzadas ideas sentaron las bases del futuro movimiento por los derechos de la mujer.

> «Fortalezcan la mente femenina ensanchándola y será el final de la obediencia ciega».

Los derechos de la mujer

En el siglo XVIII era impensable que una mujer pudiera votar o tener una carrera profesional. Wollstonecraft creía que, en igualdad de oportunidades con los hombres, las mujeres podrían liberarse de la esclavitud doméstica. En 1792 publicó *Vindicación de los derechos de la mujer,* uno de los primeros textos feministas, donde reclamaba que las mujeres no fueran educadas como «amantes atractivas» sino que aprendieran a «desplegar sus facultades», dignificadas por la capacidad y el derecho a mantenerse a sí mismas.

Una vida corta

Ese año, enardecida por los ideales de la Revolución Francesa, se fue a París. Allí tuvo una relación con un hombre con el que tuvo una hija, Fanny. En 1795 regresó a Londres y en 1797 se casó con el escritor William Godwin, pero, como muchas mujeres de la época, murió tras dar a luz a la edad de 38 años. Su obra, redescubierta por las activistas por los derechos de la mujer un siglo después, aún resuena entre las filas feministas.

Hija famosa
Mary Shelley, la segunda hija de Mary Wollstonecraft, a cuyo nacimiento no sobrevivió, alcanzó la fama con su novela gótica *Frankenstein* (1818). Como su madre, Shelley era consciente de la injusta situación de la mujer.

Autodidacta

Un padre acosador y alcohólico arruinó la infancia de Mary Wollstonecraft, nacida en Londres. Como muchas chicas de su época, recibió una escasa educación escolar. Pero logró formarse por sus propios medios y alcanzó un nivel suficiente como para abrir una pequeña escuela con poco más de 20 años. La empresa fracasó y volvió a los trabajos reservados para las mujeres de clase media, como dama de compañía o tutora infantil. En aquel tiempo estaba dando forma a sus ideas sobre la falta de libertad y educación de las mujeres. También empezó a trabar amistad con los pensadores radicales del momento.

"Una hiena con enaguas"
Así definió el escritor Horace Walpole (1717-1797) a Wollstonecraft en la típica reacción machista de la época. Este retrato de John Opie (1791) no es convencional: a las mujeres no se las solía retratar con una mirada tan audaz.

> «Los poderes delegados (...) al Gobierno Federal son pocos y están definidos.»
>
> **JAMES MADISON (1751-1836)**
> Padre fundador y cuarto presidente de Estados Unidos

EL FEDERALISMO es...

UNA FORMA DE DISTRIBUIR EL PODER ENTRE EL GOBIERNO CENTRAL Y LOS REGIONALES

VER TAMBIÉN:

← **Constitución**
páginas 72-73

← **La Constitución estadounidense**
páginas 74-75

En un sistema de gobierno federal, varias regiones o Estados acuerdan unirse bajo una autoridad central y compartir el poder con ella. Se debe decidir con qué áreas del poder político se quedan las regiones o Estados y cuáles entregan a la autoridad central. Los gobiernos regionales o estatales y el gobierno federal (central) tienen tareas separadas y son responsables de llevarlas a cabo.

ESTADOS UNIDOS

El federalismo suele ser propio de países grandes –como Estados Unidos, Canadá, Brasil, Alemania, India, Rusia o Australia– formados por colonias o Estados.

Fue en Estados Unidos donde se instauró el primer gobierno federal moderno en 1787. El Congreso (la asamblea federal) divide su poder entre los 50 Estados (por ejemplo, California, Nueva York o Texas). Los Estados gozan de una considerable autonomía de gobierno, que han negociado con el Congreso para preservar sus libertades individuales, intereses y diversidad.

La creación de escuelas es un ejemplo de las áreas sobre las que tienen plenas competencias los Estados. Otro ejemplo es la ley y el orden: algunos Estados aplican la pena de muerte por crímenes graves y otros no. Algunas políticas se coordinan con el Gobierno federal; estas incluyen los impuestos, la regulación de los negocios, los derechos civiles y el medio ambiente. Por su parte, el Gobierno federal es competente en áreas clave como las fuerzas armadas, la política exterior, los acuerdos internacionales, el servicio postal y la emisión de moneda.

¿QUIÉN ESTÁ AL MANDO?

Al amparo de la Constitución, que establece las leyes generales que rigen el país, el Congreso es el más alto poder legislativo de Estados

ESTADOS UNITARIOS

En un Estado unitario (gobernado por un solo poder, no una federación), el gobierno central tiene toda la autoridad política y los gobiernos regionales operan bajo su control. El gobierno central hace las leyes y las aplica en todo el territorio nacional.

Un ejemplo de Estado unitario es el Reino Unido, formado por cuatro países: Inglaterra, Escocia, Gales e Irlanda del Norte. Su Gobierno central transfiere autoridad a las regiones para que puedan llevar a cabo ciertas tareas, pero mantiene el control directo sobre las regiones y puede retirar esas competencias.

POLÍTICA LOCAL

Gran parte de la vida diaria transcurre en un ámbito más local, en ciudades y pueblos. Sus residentes eligen a políticos y corporaciones locales para gestionar necesidades cotidianas como la recogida de basuras, el suministro de agua o los servicios de urgencias. Algunos asuntos, como la ordenación urbana o el transporte, deben ser coordinados entre los gobiernos local, regional y nacional.

Este sistema de varios niveles da al ciudadano el control sobre las decisiones que afectan a su vida. Los políticos locales también participan en las asambleas regionales y nacionales, donde las necesidades locales pueden dar pie a decisiones más amplias que beneficien a toda la nación.

Unidos. Los Estados están obligados por ley a ajustarse a las decisiones federales; si un Estado propone algo que contradiga una ley federal, el Congreso puede denegarlo. Pero un Estado puede bloquear una ley federal negándose a ratificarla. Este sistema concede a los Estados mucha libertad para tomar sus propias decisiones políticas, pero también puede causar conflictos entre los gobiernos estatales y el federal. En Estados Unidos y otros países, la negociación entre gobiernos es un aspecto clave del federalismo.

Esto es aplicable a las confederaciones, grupos de naciones que se unen para ponerse de acuerdo en cuestiones que les afectan. Por ejemplo, tras la II Guerra Mundial se fundó lo que hoy se llama Unión Europea (UE) para fomentar la cooperación económica y política entre sus miembros. La UE tiene algunas instituciones federales, como el Parlamento y el Tribunal de Justicia, pero no se trata de un «superestado» federal: sus miembros tienen la potestad de enmendar sus tratados.

> «Vestirse de legitimidad es el primer propósito de cualquier golpe».
>
> **BARBARA W TUCHMAN (1912-1989)**
> Historiadora y escritora estadounidense

UN GOLPE DE ESTADO es...

EL DERROCAMIENTO A LA FUERZA DE UN GOBIERNO POR UN GRUPO DE PERSONAS CON PODER POLÍTICO O MILITAR

VER TAMBIÉN:

 **La Revolución Francesa**
páginas 18-19

Democracia
páginas 32-33

Revolución
páginas 120-121

La expresión golpe de Estado (calco del francés *coup d'État*) se refiere al derrocamiento –ilegal y a menudo violento– de un gobierno por un grupo opositor político o militar.

TOMA DEL PODER

Un golpe de Estado es un acto inconstitucional que rompe las reglas de gobierno acordadas. Su principal característica es que el poder se toma desde arriba –por personas que ya tienen algún poder– en vez de cambiar de manos con el consentimiento de la ciudadanía en un proceso democrático. En un golpe, el cambio de gobierno a menudo conlleva fuerza o amenaza de violencia; por lo general, el ejército o un dictador (un gobernante con poder total sobre el país) sustituye al gobierno anterior. A diferencia del golpe de Estado, una revolución es un levantamiento masivo de la ciudadanía para provocar cambios de gran alcance en el gobierno de un país; por tanto, el poder se toma desde abajo.

GOLPES MILITARES

Una oleada de golpes acabó con muchos gobiernos del sur y el centro de América durante la Guerra Fría, a partir de la década de 1950, cuando las potencias occidentales temían la propagación del comunismo.

En 1976, por ejemplo, el Ejército argentino tumbó el Gobierno de Isabel Perón. La Junta (el grupo de militares que tomó el poder) suspendió toda actividad política e instauró una dictadura derechista. Miles de argentinos desaparecieron o fueron asesinados hasta que se restauró la democracia, en 1983.

Muchos gobiernos postcoloniales de países africanos también han caído por golpes de Estado, algunos reiteradamente. Más de 80 golpes sacudieron los 48 países del

África subsahariana desde que lograron la independencia. En 2017, el Ejército de Zimbabue apartó del poder a Robert Mugabe; los militares insistieron en que no se trataba de un golpe de Estado, pero claramente lo fue.

ESTADO DE EXCEPCIÓN

Durante una crisis que amenace al Estado y a las vidas de las personas, un gobierno democrático puede ejercer su derecho a actuar al margen de la constitución declarando el estado de excepción. En caso de guerra, desastre natural o ataque terrorista es posible suspender la constitución durante el tiempo que dure el estado de excepción. En Estados Unidos, por ejemplo, el presidente puede declarar el estado de emergencia nacional y rebasar los límites legales de su autoridad para aplicar medidas como el cierre de fronteras. Esos poderes deben justificarse ante el Congreso y expiran en un año.

ABUSO DE PODER

En un golpe, el ejército u otro colectivo puede abusar de la excepcionalidad para hacerse con el control. Suspender la constitución –que establece las normas y poderes del gobierno– y actuar al margen de la ley permite a los golpistas actuar como quieran. Se puede silenciar a los medios, detener a los ciudadanos sin acusación, prohibir los desplazamientos, todo con el pretexto de proteger a la población o restaurar la estabilidad, cuando en verdad se busca suprimir la oposición.

Incluso en caso de salvaguardia legal, suspender la constitución es arriesgado, ya que, en vez de proteger a los ciudadanos puede suponer la pérdida de sus derechos. Tras ver cómo el estado de excepción dio lugar al ascenso de Hitler y al Holocausto, Alemania definió su uso en la posguerra pero tiene la firme determinación de no volver a declararlo.

Participación CIUDADANA

LA LIBERTAD DE EXPRESIÓN es...

LOS MEDIOS DE COMUNICACIÓN son...

EL ACTIVISMO es...

Che Guevara

EL ECOLOGISMO es...

Huelgas por el clima

EL FEMINISMO es...

El voto femenino

EL MULTICULTURALISMO es...

EL TERRORISMO es...

LA REVOLUCIÓN es...

La Primavera Árabe

¿CÓMO SE PARTICIPA?

Todos los días hay que afrontar dilemas. A veces se debe elegir entre alzar la voz sobre un asunto que se considera crucial o no pasar a la acción.

Hablar alto y claro quizás no baste para cambiar el mundo, pero puede marcar una diferencia. La gente tiene poder. Tanto si se pretende que la tienda de la esquina reduzca el uso de plástico como si se quiere que el gobierno apruebe una ley, hay muchas formas de hacerse oír, como unirse a un grupo de presión, participar en una protesta o militar en un partido. Se puede firmar una petición, publicar un *hashtag*, boicotear a una empresa poco ética o votar en unas elecciones. La política está en todas partes y todas esas acciones son políticas. Además, con el creciente activismo en Internet entre gentes de diferentes países, se puede rebasar el ámbito local para influir en la política global.

¡QUIERO MARCAR LA DIFERENCIA!

¿CÓMO CONSIGO QUE LOS POLÍTICOS LOCALES ESCUCHEN?

¿SIGUE HABIENDO REVOLUCIONES?

¿DEBERÍA PERMITIRSE EXPRESAR CUALQUIER OPINIÓN?

ME GUSTA LA DIVERSIDAD, PERO ¿FUNCIONA EL MULTICULTURALISMO?

¿CUALQUIERA PUEDE SER FEMINISTA?

¿PODEMOS FIARNOS DE LO QUE LEEMOS EN LAS REDES SOCIALES?

> ## «Si la libertad significa algo es el derecho a decirle a la gente lo que no quiere escuchar».
> **GEORGE ORWELL (1903-1950)**
> Periodista y escritor británico

LA LIBERTAD DE EXPRESIÓN es...

EL DERECHO A OPINAR SIN RESTRICCIONES, REPRESALIAS O CENSURA DEL GOBIERNO

VER TAMBIÉN:

 Democracia
páginas 32-33

Hitler llega al poder
páginas 62-63

Derechos humanos
páginas 76-77

Los medios de comunicación
páginas 102-103

La libertad de expresión es un ideal que se remonta a la antigua Grecia, en concreto a la democracia ateniense (507-322 a.C.), cuyos ciudadanos podían hablar de política abiertamente. Fue también una demanda clave en la Revolución Francesa, en 1789.

La Declaración Universal de los Derechos Humanos, adoptada en 1948 por la Asamblea General de las Naciones Unidas (ONU), manifiesta: «Todo individuo tiene derecho a la libertad de opinión y de expresión». Los países democráticos la aplican a todos los medios de comunicación, como estipula la ONU. Internet, con 4480 millones de usuarios, es una amplia plataforma de expresión, pero también ha dado lugar a nuevos retos, en especial en lo relativo a las opiniones controvertidas.

EL PRINCIPIO DEL DAÑO

El filósofo inglés del siglo XIX John Stuart Mill, en su argumentación del principio del daño, afirmó que la libertad de expresión que perjudica a otros no es verdaderamente libre, sino una ilusión de libertad. En el mundo actual, un ejemplo de lo libre y dañina que puede ser la opinión es el troleo. Un trol es una persona que expresa opiniones en Internet con el ánimo de provocar a otras personas o colectivos; los troles son acosadores que se ocultan en el anonimato. Su discurso de odio puede suscitar una hostilidad que intimide o silencie a sus víctimas.

OFENSAS

El 7 de enero de 2015 dos islamistas armados entraron en la redacción parisina de *Charlie Hebdo,* una revista francesa de sátira política y social. Los terroristas mataron a 12 empleados de la revista. Fue una represalia por la publicación de unas caricaturas del profeta

Mahoma, cuya representación gráfica está prohibida en muchas interpretaciones del islam. El ataque mereció una condena unánime, pero abrió un debate: ¿debería limitarse por ley la libertad de expresión en ciertos casos solo porque sean provocadores u ofensivos para algunas personas?

CENSURA

La censura es la imposición de controles y regulaciones sobre el derecho a la libertad de expresión. Puede considerarse una restricción a la libertad de una persona, pero algunos la ven necesaria para proteger los derechos humanos de una comunidad más amplia. Un ejemplo podría ser la información clasificada de un Estado, que se mantiene en secreto por la seguridad de la población. Otro tipo de censura fue la impuesta en el atentado terrorista en una mezquita de Christchurch (Nueva Zelanda) en 2019. El manifiesto racista y xenófobo del presunto autor se publicó en Internet coincidiendo con el ataque, pero fue declarado inaceptable por las autoridades neozelandesas y ahora su posesión o distribución es ilegal. En determinadas circunstancias, la censura estatal va mucho más lejos. Los gobiernos de países como China regulan estrictamente los contenidos de Internet para limitar el acceso de la gente a informaciones que podrían poner en peligro su autoridad. En Corea del Norte no hay medios libres y la gente no puede expresar opiniones críticas sobre su líder, Kim Jong-un.

CONTROVERSIA

Los defensores de la libre expresión afirman que es vital que todo el mundo tenga voz para que un debate sea sano y que la censura es contraproducente porque lleva a la gente a expresar sus opiniones de forma solapada o violenta. En Estados Unidos no se prohíbe el discurso de odio aduciendo la Primera Enmienda a la Constitución, de 1791. En Alemania, donde los nazis alcanzaron el poder en la década de 1930 con una retórica nociva, el discurso de odio está penado con la cárcel. El concepto de libertad de expresión se debate y actualiza constantemente.

IBERTAD

EXPRESIÓN

OPINIÓN

> «En el momento que no tengamos una prensa libre, puede pasar cualquier cosa».
>
> HANNAH ARENDT (1906-1975)
> Teórica política germano-estadounidense

LOS MEDIOS DE COMUNICACIÓN son...

LAS DISTINTAS FORMAS DE COMUNICACIÓN DE MASAS QUE MANTIENEN A LA GENTE INFORMADA Y EXIGEN CUENTAS AL PODER

Los medios tienen un papel vital en la política. En las democracias informan al público sobre una gran variedad de temas, permiten que se escuchen todas las voces y ayudan a que los políticos rindan cuentas.

INFLUENCIA POLÍTICA

En el siglo XX se pasó de la prensa escrita a la radio, el cine y la televisión, que en conjunto empezaron a ser conocidos como medios de masas. Su papel en la política aumentó a medida que llegaban a audiencias más numerosas.

Cuando existe lo que se llama prensa libre, los medios pueden informar de todo lo que sucede y expresar cualquier opinión, aunque sea crítica con el gobierno. Unos medios libres pueden cuestionar a los líderes, escrutar las políticas de los gobiernos y revelar las conductas corruptas o poco éticas de los políticos. Los reportajes de investigación pueden sacar a la luz hechos que los gobiernos tratan de ocultar, como las atrocidades del Ejército estadounidense en la guerra de Vietnam (1955-1975), publicadas por el periodista Seymour Hersh en 1969. Tales revelaciones pueden determinar las acciones de los Estados.

Los medios son utilizados por los políticos para manipular la opinión pública. Cuando no son libres son una potente herramienta de propaganda y control. En 1933, el régimen nazi alemán utilizó la radio, la prensa escrita y los noticiarios cinematográficos para avivar el miedo a una sublevación comunista e introducir medidas políticas que acabaron con las libertades civiles y la democracia.

NUEVOS MEDIOS

En el pasado, las noticias tardaban horas o días en transmitirse. Hoy Internet difunde información de forma instantánea, lo cual ha cambiado radicalmente la manera en que los ciudadanos se relacionan con la política. La mayoría se informa *online,* muchos en las versiones digitales de los medios tradicionales y cada vez más en las plataformas sociales, como Facebook o Twitter. Los políticos han hecho grandes inversiones en las redes sociales para afirmar sus ideas, hacer propaganda y recabar apoyo en las elecciones. Los defensores de las redes sociales creen que compartir información en estas plataformas incrementa el diálogo entre los políticos y el electorado. Pero también existe preocupación porque la información publicada en Internet —desligada de la ética periodística que en cierta medida rige los medios tradicionales— es cada vez más sensacionalista y parcial. Además, los foros digitales pueden crear cajas de resonancia que confirmen los prejuicios de sus audiencias, lo cual da inestabilidad a la comunicación.

NOTICIAS FALSAS

Una de las principales amenazas de la información *online* son las llamadas *fake news,* hechos inventados y noticias falsas que se difunden con rapidez a través de las redes sociales e influyen en la opinión pública. Una vez instaladas en la mentalidad colectiva son difíciles de refutar, aunque sean desmentidas.

En 2019, Brasil eligió a un presidente populista de extrema derecha, Jair Bolsonaro. En su campaña utilizó WhatsApp (la aplicación de mensajería de Facebook) para difundir historias falsas y dañinas sobre su oponente de izquierdas. Esto influyó en la victoria de Bolsonaro y en la instauración de un régimen intolerante.

También se sospecha que algunos Estados autoritarios, como China y Rusia, han manipulado las redes sociales para desestabilizar ciertas democracias.

Entre la sobrecarga de información en Internet se incrementan las llamadas a la autorregulación de las compañías digitales. Contar historias relevantes y fiables es más importante que nunca. Al mismo tiempo, cada vez más escuelas enseñan las habilidades necesarias para que sus alumnos distingan la realidad de la ficción e identifiquen el sesgo en las noticias.

> **«Nuestras vidas empiezan a terminar el día que guardamos silencio sobre las cosas que importan».**
>
> MARTIN LUTHER KING, JR (1929-1968)
> Activista por los derechos civiles estadounidense

EL ACTIVISMO es...

EL USO DE LA ACCIÓN DIRECTA PARA PROVOCAR UN CAMBIO SOCIAL O POLÍTICO SOBRE UN TEMA CONCRETO

VER TAMBIÉN:

← **Derechos humanos**
páginas 76-77

← **Libertad de expresión**
páginas 100-101

→ **Huelgas por el clima**
páginas 110-111

La historia la han escrito quienes han tomado posición y han luchado por el cambio. Algunos de los mayores cambios sociales han sido fruto del activismo: la movilización de personas o colectivos para luchar por causas en las que creen fervientemente.

MOTIVOS

Puede pasarse a la acción para apoyar causas locales, nacionales o internacionales. Un ejemplo de asunto local puede ser el cierre de un hospital, que afecta a la calidad de vida de una comunidad. El activismo incluye escribir cartas a los políticos, hacer campaña de puerta en puerta, asistir a reuniones públicas o repartir panfletos. En el ámbito nacional hay motivos como los impuestos, la corrupción o la participación del país en una guerra. Los activistas organizan manifestaciones, huelgas y recogidas de firmas. Entre los asuntos globales se incluyen la desigualdad de género, el racismo y el cambio climático. Las manifestaciones a veces se celebran en varios lugares del mundo el mismo día.

GRUPOS ACTIVISTAS

Muchos activistas son voluntarios que se unen a grupos de presión, organizaciones que lanzan campañas y presionan a los gobiernos para influir en la aprobación de leyes. En organizaciones internacionales como World Wide Fund for Nature, de corte ecologista, o Amnistía Internacional, que lucha por los derechos humanos, los voluntarios colaboran con trabajadores remunerados.

LIBERTAD DE REUNIÓN

Desde siempre, en momentos de descontento civil, la gente se ha echado a la calle para exigir cambios. En 1983 millones de partidarios de la Campaña para el Desarme Nuclear se manifestaron contra el despliegue de misiles estadounidenses en Europa occidental durante la carrera armamentística entre Estados Unidos y la Unión Soviética. En 2018 el movimiento Extinction Rebellion abogó por la desobediencia civil no violenta para urgir a los gobiernos a reaccionar contra la crisis climática. En Londres algunos manifestantes bloquearon el tráfico y otros se pegaron con pegamento a un tren.

CHOQUES VIOLENTOS

Los países más democráticos consideran la libertad de reunión –el derecho de las personas a reunirse con otras y protestar– un derecho humano básico. Muchos gobiernos, especialmente en los Estados autoritarios, ponen límites a ese derecho si consideran que las protestas amenazan el poder. Los gobiernos también pueden prohibir manifestaciones si temen que haya violencia, pero una respuesta agresiva puede ser peor. Un ejemplo son los choques entre los manifestantes y la policía en las manifestaciones antigubernamentales de 2019 en Hong Kong.

ACTIVISMO 'ONLINE'

Las redes sociales permiten a los activistas sumar fuerzas con rapidez. En el llamado activismo *hashtag* los internautas usan el símbolo # de Twitter para expresar sus opiniones, firmar peticiones *online,* escribir blogs políticos, presionar a los gobiernos con correos electrónicos e impulsar campañas de impacto instantáneo en la opinión pública. En septiembre de 2019 muchos estudiantes faltaron a clase para participar en las protestas contra el cambio climático. Sus comentarios en las redes sociales atrajeron a más gente al movimiento.

Che Guevara

1928-1967

Ernesto Guevara, un licenciado en medicina argentino, se comprometió con la causa socialista en Latinoamérica en la década de 1950. Ya como revolucionario marxista se unió a las tropas rebeldes del legendario líder cubano Fidel Castro y luchó en la campaña de guerrillas que acabó con la dictadura en Cuba. El Che Guevara se convirtió en una figura muy influyente en Cuba y también en un emblema mundial de la izquierda.

«La revolución no es una manzana que cae cuando está madura. Tienes que hacerla caer».

Conciencia política

Ernesto Guevara nació en el seno de una familia de clase media en Rosario y estudió medicina en Buenos Aires. Cuando era estudiante recorrió en moto el sur y el centro de América. La pobreza y la desigualdad que vio le abrumaron y le indignaron. En Guatemala, donde fue testigo de cómo un golpe militar apoyado por Estados Unidos acababa con la esperanza de una necesaria reforma agraria, Guevara se convenció de que la justicia solo se conseguiría por la fuerza. En 1954 halló una causa que cambiaría su vida cuando conoció al revolucionario Fidel Castro y a su hermano Raúl en México. Juntos planearon derrocar al dictador cubano

Fulgencio Batista con un grupo de guerrilleros que se desplazarían a la isla en barco.

Che, el guerrero rebelde

Al desembarco le siguió una campaña de guerrillas en la sierra Maestra. Guevara –ya apodado Che– demostró ser un luchador implacable y un hábil estratega. En 1959 los rebeldes se hicieron con el control del país y lo convirtieron en un Estado socialista con Fidel Castro como presidente. Guevara ejerció varios cargos en el Gobierno. Se dice que tenía un lado oscuro y que supervisó las ejecuciones de cientos de presos políticos.

Final violento

En 1965, desencantado por el vínculo de Cuba con la Unión Soviética, el Che buscó nuevos retos. En plena revolución en Bolivia, fue capturado por el Ejército y fusilado el 9 de octubre de 1967. Tenía 39 años. En 1997 se hallaron en ese país los restos del Che y de los guerrilleros que murieron con él. Tras ser trasladados a Santa Clara, Cuba, se erigió un gran monumento en su honor.

El Che y Castro
El Che Guevara, hombre de confianza de Fidel Castro, fue un héroe en la Revolución Cubana de 1959. También fue una figura clave en el Gobierno de Castro, pero en 1965 dejó Cuba en busca de otras revoluciones.

Imagen mítica
Esta emblemática fotografía del Che Guevara, tomada en 1960 y titulada *Guerrillero heroico*, sigue siendo un potente símbolo revolucionario. Impresa en carteles y camisetas, la imagen se ha reproducido millones de veces.

«No puede haber plan B porque
no hay planeta B».

BAN KI-MOON (n. 1944)

Exsecretario general de la Organización de las Naciones Unidas

EL ECOLOGISMO es...

UN MOVIMIENTO POLÍTICO, SOCIAL Y ÉTICO PARA PROTEGER EL MEDIO AMBIENTE DEL DAÑO CAUSADO POR LA ACTIVIDAD HUMANA

Con la población del planeta a punto de alcanzar los 8000 millones de personas, parece que existe consenso en que la actividad humana está cambiando el clima. Este es uno de los principales sistemas de soporte vital del planeta y determina si los seres, humanos o no, pueden vivir en él. Este y otros asuntos relacionados con el medio ambiente, como la contaminación, los residuos plásticos o la biodiversidad, han situado la ecología en la agenda política.

MOMENTO DECISIVO

El movimiento ecologista nació a partir de la publicación del libro *Primavera silenciosa,* en 1962. En él, la bióloga estadounidense Rachel Carson exponía los efectos nocivos del pesticida DDT en la vida animal y vegetal. El libro fue decisivo, ya que relacionó la contaminación y la salud pública y despertó la preocupación y la concienciación por el medio ambiente. Carson mostró que los seres humanos y el resto del mundo natural forman parte de un único ecosistema (una red de organismos vivos). Con ello dejó claro que las personas deben pensar de forma ecológica.

PARTIDOS VERDES

En la década de 1970 algunos ecologistas pensaban que los asuntos medioambientales solo podían abordarse en un marco político y económico. El primer partido verde del mundo, el United Tasmania Group, se fundó en 1972 para oponerse a la construcción de una presa en Australia. En 1983, Die Grünen (Los Verdes) pusieron el ecologismo en primer plano consiguiendo representación parlamentaria en Alemania. En otros países también surgieron partidos verdes para defender la conservación del medio ambiente y se unieron en una red internacional de grupos políticos y civiles. Se los suele encuadrar en la izquierda del espectro político y predican la no violencia, la justicia social y la democracia de base (muy participativa). Los partidos verdes son ya una fuerza política establecida, aunque no tienen poder para obrar los profundos cambios que demanda el ecologismo.

ESCALA PLANETARIA

El alarmante ritmo del cambio climático combinado con la degradación del medio ambiente debida, por ejemplo, a la deforestación y la polución han dado especial relieve a las políticas verdes. Los expertos advierten de que, si no se toman medidas, habrá más desastres naturales, como inundaciones, sequías, tormentas tropicales e incendios.

En 2015 la amenaza del cambio climático era tan inmediata que los líderes mundiales se reunieron en París (Francia) para acordar la reducción de las emisiones causantes del efecto invernadero. Las negociaciones fueron tensas: los países en vías de desarrollo, como la India, argumentaron que los más desarrollados debían responsabilizarse de sus emisiones históricas aportando fondos y nuevas tecnologías a los menos desarrollados. A pesar de ello, la mayoría de las 196 naciones representadas adoptaron el primer compromiso global sobre el clima legalmente vinculante: el Acuerdo de París. Para los ecologistas, los líderes mundiales están tardando mucho en cumplir los términos del acuerdo.

LLAMADA A LA ACCIÓN

Aparte de los partidos, el activismo ecologista cuenta con la confluencia de diferentes organizaciones que colaboran en los campos social, científico, político y conservacionista. Organizaciones como Amigos de la Tierra (fundada en 1969) y Greenpeace (1971) abogan por impulsar nuevas legislaciones y mantener los asuntos medioambientales en primer plano.

Los activistas más jóvenes también han pedido a los líderes mundiales que hagan más por el medio ambiente, y el mundo permanece atento. Inspirados por la activista sueca Greta Thunberg, los jóvenes se han comprometido políticamente y han modificado su comportamiento para proteger el medio ambiente. Se han cansado de esperar a que los gobiernos actúen. Usan menos plástico, reducen sus residuos y viajan responsablemente para intentar garantizar el futuro del planeta.

«El cambio viene,
os guste o no».

GRETA THUNBERG (n. 2003)
Activista medioambiental sueca

HUELGAS POR EL CLIMA

DESDE AGOSTO DE 2018

Cuando Greta Thunberg, de 15 años, se sentó frente al Parlamento sueco para protestar contra el cambio climático en vez de ir al instituto, su huelga solitaria se hizo viral, despertó las conciencias y desató un movimiento global.

A Greta Thunberg le escandalizaba la inacción de la gente ante el cambio climático. Cuando hizo su primera *skolstrejk för klimatet* (huelga escolar por el clima), un viernes de agosto de 2018, su objetivo era presionar al Gobierno sueco para que cumpliera sus compromisos con el Acuerdo de París de 2016. Este recogía una serie de medidas acordadas por 195 países para evitar que la temperatura global subiese más de 2 °C sobre los niveles registrados en el siglo XIX, antes de la Revolución Industrial. Este ascenso se considera ahora una potencial emergencia climática.

Inspirados por la convicción de Thunberg, muchos jóvenes de todo el mundo empezaron a hacer sus propias huelgas por el clima y a enviar fotos por las redes sociales bajo los *hashtags* #Fridaysforfuture y #Climatestrike. En septiembre de 2019, cuatro millones de personas de unos 185 países participaron en la primera Semana Global por el Futuro, con varias protestas y huelgas.

Thunberg y otros activistas sostienen que, aunque la educación es importante, no tiene sentido ir a clase si el planeta no tiene futuro. Es necesario que los adultos, y especialmente los líderes globales, tomen nota y pasen a la acción.

Conciencia global
Jóvenes activistas en Kiev (Ucrania) piden que se actúe contra el calentamiento global en septiembre de 2019, en el marco de la Semana Global por el Futuro.

> «Feminista es cualquiera que reconozca la igualdad y la humanidad plena de mujeres y hombres».
>
> **GLORIA STEINEM (n. 1934)**
> Activista estadounidense de la segunda ola del feminismo

EL FEMINISMO es...

LA CREENCIA DE QUE HOMBRES Y MUJERES DEBEN TENER IGUALES DERECHOS Y OPORTUNIDADES, Y LA DEFENSA DE LOS DERECHOS DE LA MUJER

El feminismo es un movimiento político y social que cuestiona la forma en que son tratadas las mujeres por el mero hecho de serlo. La historia del feminismo se divide en olas. Hasta finales del siglo XIX las mujeres no tuvieron derecho a la educación, al voto o a la propiedad, pues sus rentas pertenecían a sus padres o esposos. En la primera ola del feminismo, en el siglo XIX y principios del XX, las sufragistas lucharon por el derecho al voto y a la propiedad. Nueva Zelanda fue el primer país que permitió votar a las mujeres, en 1893.

NO SOLO EL VOTO

La segunda ola feminista, desarrollada en las décadas de 1970 y 1980, coincidió con el Movimiento de Liberación de las

Mujeres, que exigió reformas de mayor alcance, como la igualdad salarial y el divorcio libre. También luchó por dar a la mujer más control sobre su cuerpo mediante el acceso a la píldora anticonceptiva y demandó más protección contra la violencia doméstica. Esta segunda ola puso sobre la mesa la idea de que la sociedad ha sido históricamente patriarcal: los hombres tienen el poder, ya sea en la familia, el gobierno, el trabajo, la educación o la religión. El poder político sexista influye en muchas facetas de las vidas de las mujeres.

En 1979, la Organización de las Naciones Unidas exigió a los países miembros que pusieran fin a todas las formas de discriminación de las mujeres, algo que ha resultado difícil en la práctica. La igualdad de género ha experimentado avances significativos en algunos países, pero las mujeres de otras naciones, en especial las menos desarrolladas, siguen luchando por los derechos básicos.

CONCEPTOS MÁS AMPLIOS

En la década de 1990, la tercera ola del feminismo cuestionó y redefinió los estereotipos de género y los conceptos de feminidad y sexualidad. Se propuso llegar a las mujeres de todos los contextos culturales y animarlas a que definieran qué significaba para ellas el feminismo. El movimiento defendió la idea de que todas las mujeres pueden tener control de sus destinos, lo cual se sintetizó en la expresión *girl power*.

FEMINISMO MODERNO

La cuarta ola feminista surgió a principios de la década de 2010. Despertó la conciencia sobre la violación, el acoso y el *body-shaming* (hacer comentarios despectivos sobre el cuerpo). Esta ola se caracteriza por el activismo *hashtag*, basado en el uso del símbolo # de Twitter. En 2012 la escritora británica Laura Bates abrió el Everyday Sexism Project, un foro donde las mujeres pueden compartir sus experiencias de acoso: respondieron cientos de miles en todo el mundo. El feminismo se ha movilizado en las redes sociales con un aluvión de blogs y vídeos virales.

En 2017 más de 80 mujeres acusaron de acoso al productor cinematográfico estadounidense Harvey Weinstein. La actriz Alyssa Milano propuso que cualquiera que hubiera sufrido una violación o acoso respondiese a su mensaje con la etiqueta #MeToo, recuperando un movimiento iniciado por la activista estadounidense Tarana Burke en 2006. Medio millón de mujeres respondieron en las primeras 24 horas, sacando a la luz el alcance del acoso sexual en el mundo. Debido en parte al activismo, Francia convirtió el piropo en falta punible en 2018 y el Parlamento Europeo convocó una sesión especial sobre el acoso sexual.

EL VOTO FEMENINO

OCTUBRE DE 1903-AGOSTO DE 1914

En 1903, tras décadas de campañas pacíficas pero infructuosas por el derecho al voto femenino, las sufragistas se organizaron en el Reino Unido. Su acción fue clave para que ese derecho se reconociera en todo el mundo.

La Unión Social y Política de Mujeres (WSPU en inglés), fundada por Emmeline Pankhurst y sus hijas Christabel y Sylvia, se distinguió de las organizaciones que habían luchado durante medio siglo por el voto femenino mediante métodos respetuosos con las leyes. Sus integrantes, conocidas como sufragistas, habían empleado tácticas como hacer peticiones por escrito, pero con escaso éxito.

En cambio, la WSPU declaró la guerra a un Parlamento exclusivamente masculino para ganar el derecho al voto «por cualquier medio», como dijo Pankhurst, aunque eso supusiera infringir la ley. Las llamadas *suffragettes* emplearon tácticas audaces, como animar a las mujeres a invadir el Parlamento. De 1905 a 1914 coparon las portadas de los diarios e hicieron del sufragio femenino un asunto político.

La reacción oficial fue brutal. Las mujeres sufrieron ataques y al menos 1000 fueron encarceladas. Algunas hicieron una huelga de hambre y las alimentaron a la fuerza. En 1913 el sufragismo tuvo su primera mártir: Emily Wilding Davison murió pisoteada por el caballo de carreras del rey, en el Derby de Epsom, cuando corría por la pista con una pancarta. En 1914 estalló la I Guerra Mundial, y cuando acabó, en 1918, algunas mujeres pudieron votar.

Arresto de Emmeline Pankhurst en una marcha en 1914
Enfrentadas a un Gobierno contrario al voto femenino, las *suffragettes* atentaron contra la propiedad y organizaron marchas, en las que sufrieron la brutalidad policial.

«No estamos aquí por transgredir la ley; estamos aquí para convertirnos en legisladoras».

EMMELINE PANKHURST (1858-1928)
Líder de la Unión Social y Política de Mujeres

«Defino la integración… como la igualdad de oportunidades, acompañada de diversidad cultural, en un ambiente de tolerancia mutua».

ROY JENKINS (1920-2003)
Político británico

EL MULTICULTURALISMO es...

UNA POLÍTICA DIRIGIDA A APOYAR LAS DIFERENTES IDENTIDADES Y CULTURAS DE UNA SOCIEDAD

VER TAMBIÉN:

← **Derechos humanos**
páginas 76-77

→ **Nacionalismo**
páginas 132-133

→ **Globalización**
páginas 142-143

Las poblaciones de la mayoría de los países incluyen personas de diferentes culturas y orígenes. A través de los siglos, a medida que las personas se han desplazado de un lugar a otro en busca de mejores oportunidades económicas o escapando de guerras o desastres naturales, o debido a la esclavitud, las sociedades se han hecho más variadas. El multiculturalismo como política aborda el reto de construir sociedades estables que incorporen identidades diferentes.

ASIMILACIÓN

Históricamente, a los migrantes se les ha pedido que se integren en la cultura dominante del país receptor. En la década de 1800, millones de europeos emigraron a Estados Unidos en busca de una vida mejor. Se esperaba su asimilación (mezcla) en el gran crisol cultural americano para construir una nación uniforme. La política de asimilación se ha justificado en el hecho de que cumple con el ideal liberal de que las personas deben ser tratadas con igualdad y ningún colectivo ha de recibir un tratamiento especial. Los detractores de la asimilación afirman que se ha usado para suprimir las culturas minoritarias.

MEZCLA DE CULTURAS

Recientemente ha ganado fuerza la idea de que una nación prospera si sus minorías pueden preservar sus tradiciones, lenguas y culturas. Canadá, donde han convivido durante siglos francófonos y anglófonos y que ha acogido inmigrantes de todo el mundo, fue una de las primeras naciones que aceptaron las diferencias culturales. En un discurso ante el Parlamento en 1971, el primer ministro Pierre Elliott Trudeau dijo: «Una sociedad que enfatiza la uniformidad crea intolerancia y odio». Desde la década de 1970 otras democracias liberales occidentales han aplicado políticas que promueven la idea de la sociedad como una mezcla cultural, con diferentes ingredientes que forman un todo. Muchos gobiernos han introducido medidas en línea con ese enfoque, como prohibir la discriminación, promover la educación para la tolerancia en las escuelas y celebrar festivales de minorías culturales.

RETOS

En la década de 2010, los disturbios en África y Oriente Medio, incluida la guerra civil en Siria, forzó a millones de personas a huir de sus países. Muchos se fueron a los Estados ricos de Europa. Esta crisis de refugiados obligó a los gobiernos europeos a replantearse el multiculturalismo. En 2010 la canciller alemana Angela Merkel declaró que el multiculturalismo había «fracasado totalmente» porque había separado a las minorías de la cultura dominante, creando un mayor potencial para la incomprensión y la desconfianza entre comunidades.

Otros opinan que el multiculturalismo puede ser un obstáculo para los derechos humanos. Algunos refugiados proceden de países con visiones conservadoras sobre los derechos de la mujer y la homosexualidad. Varios países europeos han impuesto restricciones a la costumbre islámica del velo aduciendo que oprime a las mujeres.

La percepción de que la inmigración está aumentando ha llevado a mucha gente a afirmar que las identidades de las naciones receptoras se están diluyendo y que los inmigrantes son una carga en países con recursos reducidos y prestaciones sociales insuficientes. Esto se ha plasmado en un creciente apoyo a los partidos nacionalistas.

INTERCAMBIO CULTURAL

Los países que promueven el multiculturalismo –como Singapur, con una población muy variada y bilingüe en gran medida– valoran la contribución que puede hacer a sus economías la afluencia de talento y capital extranjero. Las empresas lo ven con buenos ojos: la mano de obra variada y la tecnología moderna pueden generar negocios a través de las fronteras. Además, el multiculturalismo forja un rico intercambio cultural respecto a las actitudes ante la vida y las tradiciones, y fomenta la tolerancia.

«El terrorismo se ha convertido en un arma de guerra sistemática que no conoce fronteras y rara vez tiene cara».

JACQUES CHIRAC (1932-2019)
Presidente de Francia

EL TERRORISMO es...

EL USO ILEGAL DE LA VIOLENCIA, O LA AMENAZA DE MUERTE O DAÑO, AL SERVICIO DE UN FIN POLÍTICO

VER TAMBIÉN:

← **Nelson Mandela**
páginas 34-35

← **Anarquismo**
páginas 36-37

→ **La guerra de Irak**
páginas 140-141

Los ataques a Estados Unidos el 11 de septiembre de 2001 sacudieron el mundo. En aquella ocasión, los miembros de una organización islamista llamada Al Qaeda lanzaron aviones contra el World Trade Center de Nueva York y otros edificios, matando a más de 3000 personas. Fue el atentado terrorista más mortífero de la historia.

QUE CUNDA EL PÁNICO
Terrorismo es cualquier amenaza o acción violenta pensada para influir en un gobierno o intimidar a la ciudadanía con la intención de provocar un cambio político. La palabra terror deriva del verbo latino *terrere,* que significa aterrorizar. El fin del terrorismo es extender el miedo para que los ciudadanos se sientan inseguros y no puedan llevar una vida normal. Los terroristas usan armas de todo tipo, el secuestro y la extorsión. Pueden operar en solitario en sus propios países o rebasar las fronteras nacionales (terrorismo internacional).

Algunos gobiernos han sido acusados de practicar el terrorismo de Estado por emplear la violencia contra sus ciudadanos o dirigir acciones militares fuera de sus fronteras que han causado víctimas civiles sin respetar las reglas de la guerra. Un ejemplo es el bombardeo libio del vuelo 103 de la aerolínea Pan Am sobre Lockerbie (Escocia), en el que murieron 270 personas.

El uso de la violencia como estrategia política tiene siglos de antigüedad, pero el terrorismo tiene hoy un impacto global, ya que los medios modernos le dan más notoriedad.

UN MEDIO PARA UN FIN
Los terroristas y sus partidarios creen que las acciones violentas están justificadas cuando tienen un fin político y que no existe otra

manera de conseguir sus objetivos. Los grupos nacionalistas que lucharon por liberarse de las potencias coloniales, como el Mau Mau, que se rebeló contra el dominio británico en Kenia en la década de 1950, han empleado tácticas terroristas. En España, la banda armada ETA (País Vasco y Libertad) inició una lucha de 60 años por la independencia del País Vasco.

Otros grupos han usado el terrorismo con fines políticos más ambiciosos, como las FARC (Fuerzas Armadas Revolucionarias de Colombia), que lucharon 50 años para derrocar al Gobierno colombiano e instaurar un régimen comunista en su lugar.

Lo que se considera resistencia legítima desde un punto de vista es terrorismo desde otro. Los miembros del Congreso Nacional Africano (CNA), que emplearon tácticas de guerrilla para luchar por la igualdad de la población negra en Sudáfrica durante el *apartheid* (1948-1994), eran terroristas para el Gobierno. En cambio, para sus partidarios eran combatientes por la libertad, y su líder, Nelson Mandela, un héroe nacional.

RADICALIZACIÓN

Los grupos terroristas prosperan en zonas donde existe gran concienciación política, social o religiosa. Suelen reclutar a sus miembros a través de la radicalización, influyendo en las personas para que adopten puntos de vista extremos y cometan actos violentos. El grupo fundamentalista Estado Islámico ha radicalizado a muchas personas por Internet mediante una hábil propaganda. Muchos son jóvenes musulmanes que se sienten excluidos de las sociedades en las que viven.

NUEVAS AMENAZAS

El terrorismo está cambiando en el siglo XXI. En los últimos años el lobo solitario se ha convertido en la mayor amenaza terrorista. El término designa a alguien que actúa solo, sin estar afiliado a un grupo. Un terrorista solitario es muy difícil de rastrear para los cuerpos de seguridad. Los terroristas de extrema derecha han surgido como una gran amenaza en Estados Unidos. Entre ellos se halla el que mató a 22 personas en El Paso (Texas) en agosto de 2019. Antes del ataque había publicado en Internet un manifiesto «nacionalista blanco» en el que recelaba de otros grupos étnicos.

El ciberterrorismo –uso de las computadoras e Internet para alterar la vida social con fines políticos– es otra amenaza significativa. Los Estados temen que los ciberterroristas puedan inutilizar sus fuerzas armadas, las redes eléctricas o incluso volar reactores nucleares.

Las medidas globales contra el terrorismo son sofisticadas. Se usa información internacional para rastrear e impedir acciones terroristas. Sin embargo, esas medidas también pueden verse como medios de los gobiernos para frenar a sus oponentes políticos.

«El poder no concede nada si no se le exige. Nunca lo hizo y nunca lo hará».

FREDERICK DOUGLASS (1818-1895)
Escritor y reformador social afroamericano

LA REVOLUCIÓN es...

UN MOVIMIENTO POPULAR PARA DERROCAR UN RÉGIMEN POLÍTICO, EN OCASIONES POR LA FUERZA

La palabra revolución suele referirse a la destitución forzosa de un gobierno, ya sea para sustituirlo por un nuevo sistema de gobierno o para independizarse de otro país. Durante siglos, las revoluciones han provocado los cambios más radicales en el orden político de las sociedades.

CAMBIO FUNDAMENTAL

La resistencia y la rebelión implican oposición a la autoridad política, pero la revolución conlleva un cambio fundamental en el poder que transforma el modo en que funciona la sociedad.

Mientras los medios de todas las revoluciones suelen ser los mismos, los fines pueden ser muy diferentes. Una de las primeras revoluciones de la historia moderna fue la americana (1775-1783), en la que Estados Unidos declaró la independencia del dominio británico. Sus ideas de libertad y autonomía política influyeron en la Revolución Francesa (1789-1799), en la que el pueblo se alzó contra la aristocracia.

En el siglo XX, la Revolución Rusa (1917-1923) sacudió el mundo. Inspirada en el marxismo, pretendió crear una sociedad igualitaria erradicando las clases sociales. El levantamiento acabó con el régimen zarista y lo sustituyó por la Unión Soviética, un Estado comunista liderado por Lenin hasta su muerte, en 1924.

El gobierno del Partido Comunista de China se instauró tras dos revoluciones. En octubre de 1911 un grupo de rebeldes lideró una revuelta contra la dinastía imperial Qing y estableció una república en su lugar. Fue el primer paso de un proceso de agitación que culminó con la revolución de 1949, cuando el líder comunista Mao Zedong entró en Pekín y declaró la República Popular China.

En 1979 la Revolución Iraní acabó con la monarquía al derrocar al sah

Mohamed Reza Pahlevi. En su lugar se instauró una república islámica liderada por el ayatolá Jomeini.

REVOLUCIONES SUAVES

Cuando la gente desafía el *statu quo* para provocar un cambio político se expone a sufrir una reacción violenta por parte de la autoridad. Las personas deben estar dispuestas a dar sus vidas para librarse de los regímenes opresores, incluso sin saber si el nuevo régimen será mejor. A lo largo de la historia, las revoluciones han estado teñidas de sangre.

Sin embargo, no todas las revoluciones son violentas. Los ciudadanos de algunos países han intentado luchar contra la opresión usando la violencia y, llegado el momento oportuno, han adoptado con éxito estrategias no violentas.

En 1989, cuando la Unión Soviética perdió el timón de Europa oriental, en Checoslovaquia estalló la que sería conocida como Revolución de Terciopelo. Mediante manifestaciones y huelgas, esta pacífica insurrección consiguió acabar con el régimen comunista y nombrar al primer presidente elegido democráticamente en décadas, el dramaturgo disidente Václav Havel.

REVOLUCIÓN SIN LÍDERES

En 2011, una serie de revueltas a favor de la democracia sacudieron Oriente Medio y el norte de África. Fue la llamada Primavera Árabe. Las protestas, organizadas en las redes sociales sin líderes obvios, provocaron cambios en países como Egipto y Túnez. Sin embargo, no hubo un consenso claro sobre el resultado de las revueltas. En algunos países, el estado de incertidumbre creó un vacío político que permitió a grupos y líderes represores tomar el poder. Otros países se sumieron en el caos y la guerra civil. No todas las revoluciones han triunfado, pero continúan escribiendo la historia.

LA PRIMAVERA ÁRABE

PRIMAVERA DE 2011

En 2011, una serie de revueltas por la libertad sacudieron el mundo árabe. Miles de personas cansadas de la pobreza, la corrupción y la represión se unieron a las protestas al correrse la voz en las redes sociales.

La Primavera Árabe empezó en Túnez en diciembre de 2010, cuando el joven Mohamed Bouazizi se inmoló tras confiscarle la policía su puesto de verdura. Su desesperado acto desató una tormenta que se extendió por el norte de África y Oriente Medio.

La escala de la sublevación fue inesperada. Presidentes que llevaban décadas en el poder fueron derrocados y cayeron los Gobiernos de Túnez, Egipto, Libia y Yemen. Las noticias se propagaron con rapidez y desde Facebook y otras redes sociales se convocaron concentraciones masivas, como la de la plaza de Tahrir, en El Cairo (Egipto).

Los países afectados sofocaron las revueltas con mano dura, aunque algunos ofrecieron cambios políticos. Egipto convocó elecciones, pero pronto sufrió un golpe militar. Libia se convirtió en un país sin ley en manos de milicias armadas. Las fuerzas de seguridad de Yemen respondieron con violencia y su presidente tuvo que dejar el cargo. El poderoso régimen sirio resistió las protestas, pero la situación derivó en una guerra civil.

La Primavera Árabe dio esperanzas de un rápido cambio político a mucha gente, pero construir un marco político estable resultó ser una tarea lenta y precaria.

Revueltas en Egipto

Un manifestante ondea la bandera egipcia en la plaza cairota de Tahrir durante los cruentos choques con las fuerzas armadas en diciembre de 2011.

«El Despertar Árabe, o Primavera Árabe, ha transformado el paisaje geopolítico».

BAN KI-MOON (n. 1944)
Exsecretario general de las Naciones Unidas

Relaciones
INTERNACIONALES

EL IMPERIALISMO es...

Mahatma Gandhi

EL NACIONALISMO es...

Nacionalismos en España

LA GEOPOLÍTICA es...

LA GUERRA es...

La guerra de Irak

LA GLOBALIZACIÓN es...

El éxodo rohinyá

LAS ORGANIZACIONES INTERNACIONALES son...

¿LA POLÍTICA TIENE FRONTERAS?

¿SIGUE SIENDO RELEVANTE EL COLONIALISMO?

¿PARA QUÉ SIRVEN LAS NACIONES UNIDAS?

¿POR QUÉ ALGUNAS COMPAÑÍAS GLOBALES SON MÁS RICAS QUE ALGUNOS PAÍSES?

¿ES BUENA LA GLOBALIZACIÓN?

¿QUÉ HACE PODEROSA A UNA NACIÓN?

¿CÓMO ABORDAMOS EL CAMBIO CLIMÁTICO JUNTOS?

La política no se limita al ámbito nacional, también aborda asuntos globales. **Las decisiones de los gobiernos suelen estar influidas por lo que ocurre en el mundo.**

Cambio climático, migración, pobreza, enfermedad o acuerdos comerciales son retos globales que solo pueden abordarse si las naciones actúan en conjunto para hallar soluciones. Nuestras vidas están cada vez más condicionadas por la globalización: el crecimiento de las compañías internacionales y la innovación tecnológica han hecho que las culturas, economías y políticas crucen fronteras como nunca.

La política internacional suele consistir en resolver conflictos entre naciones. Siempre ha habido disputas por territorios, recursos o creencias religiosas o políticas, y algunas han llevado a la guerra. Las Naciones Unidas y otras organizaciones globales trabajan para promover la paz y la cooperación y mejorar la vida de la gente, sin importar su nacionalidad, raza o religión.

¿LAS FRONTERAS UNEN O DIVIDEN?

¿LOS PAÍSES DEBEN TENER ARMAS NUCLEARES?

¿CÓMO COMPARTIMOS LOS RECURSOS MUNDIALES?

¿QUÉ FUE DE LOS IMPERIOS?

¿CÓMO AYUDAMOS A LOS REFUGIADOS?

¿ESTÁ JUSTIFICADA LA GUERRA?

¿POR QUÉ UNOS PAÍSES SON MÁS POBRES QUE OTROS?

¿LA GLOBALIZACIÓN NOS HACE MÁS RICOS A TODOS?

«Veni, vidi, vici (Vine, vi, vencí)».
JULIO CÉSAR (100-44 a.C.)
General, político y dictador romano

EL IMPERIALISMO es...

LA EXTENSIÓN DEL DOMINIO DE UN PAÍS SOBRE NACIONES EXTRANJERAS, A MENUDO MEDIANTE LA FUERZA MILITAR

El término imperialismo deriva de la palabra latina *imperium,* que significa poder supremo. Aunque los imperios existen desde la Antigüedad, el imperialismo se acuñó como término político en la década de 1870, cuando se usó para nombrar la política exterior del Reino Unido. Hoy el imperialismo está prohibido por el derecho internacional.

IMPERIOS Y COLONIAS

El imperialismo y el colonialismo son dos cosas diferentes, aunque relacionadas. El imperialismo es la política de conquistar territorios de otras naciones para ampliar un dominio y crear un imperio. El colonialismo, por su parte, es la construcción y el mantenimiento de un asentamiento, o colonia, poblada por personas procedentes del Estado fundador. El imperialismo es una política estatal y se desarrolla por razones ideológicas y comerciales. El colonialismo es la simple creación de colonias para el asentamiento de población y el comercio. Un imperio puede, no obstante, contener colonias.

También existen diferencias en el aspecto geográfico. El Imperio ruso (1721-1917) y el Imperio otomano (c. 1300-1922) eran vastos territorios ininterrumpidos. Las colonias, sin embargo, suelen estar lejos y separadas del resto del imperio por el mar.

Tanto el imperialismo como el colonialismo suelen usar la fuerza para controlar los territorios extranjeros. A los mandatarios de los territorios que se incorporan al imperio se les permite seguir en el poder, siempre que reconozcan al emperador o monarca (u otro gobernante del Estado imperial) como su soberano. Las colonias se gobiernan directamente.

DESCOLONIZACIÓN

Entre los siglos XV y XX, las potencias europeas construyeron enormes imperios en América, África y Asia. El poder imperial ofendió profundamente a casi todas las gentes de las tierras conquistadas. El proceso de renuncia al control imperial y concesión de independencia a esos territorios –conocido como descolonización– fue complicado. Los vietnamitas y los argelinos tuvieron que tomar las armas en las décadas de 1950 y 1960 para independizarse de Francia. En el mismo periodo, el Reino Unido afrontó guerras coloniales en Malasia, Adén, Kenia y otros lugares. Pocos imperios caen pacíficamente.

NEOCOLONIALISMO

Algunos imperios ejercen un dominio económico o cultural sobre otros países sin gobernarlos directamente, en un proceso conocido como neocolonialismo o neoimperialismo. En el siglo XIX, el Reino Unido controlaba el 60 % de las inversiones argentinas y era dueño de sus ferrocarriles, aunque Argentina era un Estado independiente que no formaba parte del Imperio británico. Hoy, Estados Unidos, China, Rusia y la Unión Europea ejercen una gran influencia económica, cultural y política, y a veces se los llama imperios. También se llama neocolonialismo al poder económico que los países más desarrollados y las instituciones y compañías globales tienen sobre los menos desarrollados.

IDEAS POSTCOLONIALES

Históricamente, los gobernantes de los imperios han justificado sus políticas argumentando que han llevado educación, tecnología y otros beneficios a los pueblos incorporados a sus reinos. Pero el imperialismo siempre ha tenido oponentes. El líder comunista Lenin (1870-1924) consideraba el imperialismo la forma más avanzada de capitalismo, ya que aportaba mucha riqueza a quienes habían invertido en él, pero a expensas de los territorios bajo su control. Actualmente, la aceptación de los ideales de democracia y soberanía nacional explica que el imperialismo esté considerado una forma de opresión y explotación.

Mahatma Gandhi

1869-1948

Mohandas Karamchand Gandhi, conocido como Mahatma (Gran Alma), usó la protesta pacífica para hacer campaña por la independencia india del dominio británico. En su lucha contra lo que él llamaba «la enfermedad del prejuicio del color», Gandhi adoptó el principio religioso de la *ahimsa* (no violencia) y lo convirtió en una herramienta de acción nacionalista.

> «Yo me considero un soldado: un soldado de la paz».

La marcha de la sal

En 1930, para protestar por una tasa impuesta por los británicos sobre la sal, Gandhi caminó 388 km hasta el mar para obtener su propia sal. Decenas de miles de personas se le unieron en el camino, incluida la poeta y activista Sarojini Naidu.

Buscando su lugar

Gandhi nació en 1869 en Porbandar (India) y estudió derecho en Londres antes de mudarse a Sudáfrica. Allí vivió 21 años en los que conoció los prejuicios raciales que lo llevaron al activismo. Su «momento de la verdad» llegó cuando fue expulsado de un tren por querer viajar en primera clase. En Sudáfrica lideró sus primeras protestas no violentas contra la injusticia racial, por las que fue encarcelado varias veces.

Regreso a la India

En 1915 Gandhi volvió a la India, con el país bajo una creciente agitación contra el dominio británico. En 1919 el Gobierno británico aprobó una ley que permitía la reclusión sin juicio de los sospechosos de terrorismo. Gandhi alentó una protesta no violenta o *satyagraha* (insistencia en la verdad) contra ese obvio abuso de poder. Las protestas se hicieron masivas cuando los soldados británicos dispararon en una manifestación pacífica en Amritsar, matando a miles de personas. Tras la masacre, Gandhi lanzó una campaña nacional de no cooperación con los británicos.

Hacia la independencia

Elegido líder del Congreso Nacional Indio en 1920, Gandhi fue una figura clave en la política india en las décadas siguientes. Sus protestas lo llevaron a la cárcel en varias ocasiones y, a pesar de sus peticiones de paz, no pudo impedir que el malestar civil se tradujera en violencia. Dedicado a derribar las barreras entre castas y fes, le afectaron mucho los disturbios entre hindúes y musulmanes que estallaron cuando la India consiguió la independencia, en 1947. Un año después, Gandhi fue asesinado por un extremista hindú.

Un líder humilde

Gandhi creía en la vida sencilla. Rechazaba la industrialización y animaba a la gente a usar sus habilidades tradicionales. En su madurez optó por vestir el mantón de algodón y el *dhoti* que llevaban sus compatriotas más pobres.

«Patriotismo es cuando el amor por tu propio pueblo es lo primero; nacionalismo, cuando el odio por los demás pueblos es lo primero».

CHARLES DE GAULLE (1890-1970)
Líder de la resistencia francesa y presidente de Francia

EL NACIONALISMO es...

EL APOYO Y LA LEALTAD A UNA NACIÓN, A VECES DE FORMA PERJUDICAL PARA LOS INTERESES DE OTRAS NACIONES

VER TAMBIÉN:

El nacionalismo es una de las ideas políticas más importantes de los dos últimos siglos. Ha creado nuevas naciones y desintegrado viejos imperios, redibujando el mapa mundial. Ha hecho que los pueblos se vean a sí mismos y a sus países con otros ojos. El nacionalismo se basa en dos supuestos: que la humanidad está naturalmente dividida en naciones y que el Estado nación es la unidad de organización política más adecuada y legítima.

¿DOCTRINA O IDEOLOGÍA?

El nacionalismo puede verse como una doctrina –un conjunto de creencias– o una ideología –un sistema de ideas–. Como doctrina sostiene que todas las naciones tienen derecho a ser independientes y a gobernarse a sí mismas y que el mundo debería estar formado por Estados nacionales autogobernados. Como ideología, el nacionalismo va más lejos y promueve el patriotismo y, en algunos casos, la identidad política, cultural y étnica. Se trata de poner la nación propia por encima de todo, incluso en detrimento de otras naciones.

IDENTIDAD NACIONAL

Como doctrina y como ideología, el nacionalismo tiene grandes fortalezas. Puede unir a las personas y darles una identidad común. Pero también tiene una faceta oscura. Al enfatizar la unidad racial de un país, el nacionalismo puede promover el racismo contra las minorías de ese país. También puede llevar a la xenofobia, que es la aversión y el rechazo a las personas de otros países. Y sobre todo, al promover un intenso fervor nacional, puede dar lugar a movimientos como el fascismo o el nazismo, que fueron fanáticamente nacionalistas.

INFLUENCIA HISTÓRICA

El nacionalismo causó un gran impacto en la Europa del siglo XIX. Los italianos y los alemanes se unieron para formar sendos Estados y los irlandeses iniciaron su larga lucha para liberarse del dominio británico.

En el siglo XX, la II Guerra Mundial (1939-1945) se debió en gran medida a las políticas militaristas de los regímenes nacionalistas, como los de Alemania y Japón, y a sus invasiones de otras naciones para expandirse. Tras la guerra, los nacionalistas indios lograron la independencia del gobierno colonial británico en 1947 y otras naciones de Oriente Medio y África consiguieron independizarse de antiguos imperios europeos.

En 1991, el nacionalismo contribuyó a la disolución de la Unión Soviética, una unión federal de repúblicas formada en 1922. En la década de 1980, una serie de reformas para liberalizar la economía y la estructura del centralizado Gobierno comunista de Moscú condujo a una oleada de revoluciones y a la formación de 15 Estados independientes. En 2014, el creciente sentimiento nacionalista en el mayor de esos Estados, Rusia, ayudó a su Gobierno, encabezado por Vladímir Putin, a justificar la anexión de la vecina región ucraniana de Crimea.

Se considera que el nacionalismo está en alza en el siglo XXI. Algunos grupos nacionalistas actuales están vinculados con la religión. Los nacionalistas hindúes de la India y los budistas de Myanmar, Tailandia y Sri Lanka tratan de instilar sus principios religiosos en los gobiernos de sus países.

SEPARATISMO

Muchos Estados contienen más de una identidad nacional. Por ejemplo, España contiene las identidades vasca y catalana, y Canadá la nación francófona de Quebec. Los problemas surgen cuando esos pueblos minoritarios quieren separarse de sus respectivos Estados y formar países independientes.

En el Reino Unido, Escocia celebró un referéndum de independencia en 2014 y se impuso el no por un estrecho margen. En España, Cataluña convocó un referéndum ilegal en 2017 que culminó con una declaración unilateral de independencia. En Oriente Medio, el pueblo kurdo habita un territorio montañoso que se extiende por Turquía, Irak, Siria e Irán. Los kurdos han tomado las armas para luchar por su independencia, pero han sido doblegados en repetidas ocasiones. Forman el mayor grupo étnico sin Estado propio en el mundo.

«El bienestar de Cataluña solo es posible fuera de España».

CARLES PUIGDEMONT (n. 1962)
Expresidente de Cataluña

NACIONALISMOS EN ESPAÑA

DESDE EL SIGLO XIX

En el siglo XIX surgieron una serie de movimientos regionalistas y nacionalistas en España que reclamaban formas de autogobierno en los territorios con lengua propia y señas de identidad arraigadas, especialmente en el País Vasco, Cataluña y Galicia.

El nacionalismo catalán surgió del movimiento catalanista nacido en la primera mitad del siglo XIX, que definía Cataluña como una nación que comparte historia, cultura, lengua y costumbres. El nacionalismo catalán moderado ha reivindicado históricamente un mayor nivel de autogobierno dentro del Estado español. En los últimos años, parte de este nacionalismo moderado ha radicalizado su discurso y reclama la creación de un Estado propio.

El nacionalismo vasco nace a finales del siglo XIX y defiende la unión y en algunos casos la independencia de Euskal Herria, territorios que reivindica como vascos y que abarcan actualmente el País Vasco, el norte de Navarra y el País Vasco francés. Este movimiento lo representan actualmente dos partidos políticos con diferentes posturas ideológicas.

El nacionalismo gallego persigue el reconocimiento de la nación gallega dentro de un Estado confederado, aunque sus bases más radicales reclaman la independencia total con respecto al Estado español.

Manifestación en Barcelona
En la última década se han convocado numerosas manifestaciones multitudinarias a favor de la independencia de Cataluña.

> «En nuestro cambiante mundo, nada cambia más que la geografía».
> PEARL S. BUCK (1892-1973)
> Escritora estadounidense, ganadora del Premio Nobel de Literatura

LA GEOPOLÍTICA es...

LA INFLUENCIA DE FACTORES GEOGRÁFICOS COMO EL TERRITORIO EN LA POLÍTICA Y LAS RELACIONES INTERNACIONALES

VER TAMBIÉN:

← **Ecologismo**
páginas 108-109

← **Nacionalismo**
páginas 132-133

→ **Globalización**
páginas 142-143

El geógrafo y politólogo sueco Rudolf Kjellén acuñó el término geopolítica en un libro de geografía sueca publicado en 1900. Hoy, la geopolítica estudia los efectos de factores como el clima, el paisaje, los recursos naturales y la población en el funcionamiento político y las políticas exteriores de las naciones. Por ejemplo, las relaciones entre dos países pueden verse afectadas por tener que compartir un recurso como el agua o por la influencia que las naciones ricas en recursos tienen en la política global.

NACIONES MARÍTIMAS

Alfred Thayer Mahan, historiador naval estadounidense de finales del siglo XIX, sostenía que el control del mar es una ventaja política y económica para una nación: favorece el comercio en tiempos de paz y el poder militar en tiempos de guerra. Un ejemplo de ello es el auge del Imperio británico en los siglos XVIII y XIX. El Reino Unido pudo establecer una poderosa flota y firmes vínculos comerciales gracias, en parte, a su situación en el océano Atlántico. El actual poderío económico de China y Japón depende de su acceso a las principales vías marítimas.

PODERÍO TERRITORIAL

La invención del tren y el automóvil en el siglo XIX permitió el desarrollo de naciones grandes, como Estados Unidos y Rusia, y situadas en medio de territorios extensos, como Alemania. El tamaño importa en la política global. Las vastas tierras de cultivo, los grandes ríos y los recursos minerales ayudaron a Estados Unidos a convertirse en la primera potencia mundial en el siglo XX.

AGUA

Disponer de agua dulce para el consumo humano y el riego es esencial para cualquier país. El río Nilo nace en África Oriental, fluye hasta el norte de Egipto y desemboca en el mar Mediterráneo. Su cuenca atraviesa 11 países. Egipto y Sudán se han opuesto con firmeza a las iniciativas de países de la cabecera del río (como Ruanda, Uganda y Etiopía) para acceder a su cuenca. Se han establecido tratados para gestionar la distribución del agua y evitar conflictos. Sin embargo, a medida que el agua escasea debido al crecimiento demográfico y el cambio climático, se incrementa la tensión en la región. La escasez de agua también es una preocupación en otras partes del mundo, como China, cuyo Gobierno está introduciendo nuevas tecnologías y modernizando las infraestructuras para abordar el problema.

MATERIAS PRIMAS

La importancia política de un país depende de sus materias primas. La existencia de enormes depósitos de petróleo y gas en el golfo Pérsico da a países de la región como Irán o Arabia Saudí un poder significativo. Turquía, situada entre los países productores de petróleo y gas de Oriente Medio y los grandes consumidores de energía de Europa, tiene una influencia considerable.

LA NUEVA RUTA DE LA SEDA

Una tentativa china para redefinir la geopolítica en Asia y Europa es la Iniciativa Cinturón y Ruta de la Seda. Pretende ser la sucesora en el siglo XXI de la antigua Ruta de la Seda, que unía China y Europa hace 2000 años. La nueva red económica y estratégica aspira, en palabras del Gobierno chino, a «aumentar la conectividad regional y abrazar un futuro más brillante». El Cinturón es una red de carreteras y vías férreas que va desde China a Holanda. La Ruta se basa en antiguas vías marítimas comerciales que conectaban países ribereños del océano Índico y el Mediterráneo. Algunos observadores ven en el proyecto la voluntad de China de extender su influencia mediante una red comercial dominada por ella.

> «La humanidad debe poner fin a la guerra antes de que la guerra ponga fin a la humanidad».
>
> **JOHN F KENNEDY (1917-1963)**
> Presidente de Estados Unidos, ante la Asamblea General de las Naciones Unidas

LA GUERRA es...

UN CONFLICTO ARMADO ENTRE ESTADOS, GOBIERNOS, FUERZAS MILITARES O GRUPOS POLÍTICOS

VER TAMBIÉN:

← **Totalitarismo**
páginas 26-27

← **Nacionalismo**
páginas 132-133

→ **Organizaciones internacionales**
páginas 146-147

Las guerras, sean entre Estados o entre grupos de un mismo Estado, pueden estallar debido a la competencia por territorios o recursos, o por ideas religiosas o políticas opuestas. Las guerras establecen a menudo las fronteras entre naciones, razas y religiones.

¿POR QUÉ HAY GUERRAS?

La mayoría de los países tienen ejércitos y otras fuerzas de defensa para proteger sus fronteras en caso de ser atacados. Sin embargo, algunos gobiernos han promovido el uso de la fuerza armada como herramienta política, en lo que se conoce como militarismo. Este glorifica la guerra, fomenta el heroísmo y alienta el patriotismo. Es un rasgo de las dictaduras totalitarias, pero también puede ser una extensión de las políticas imperialistas y nacionalistas. Los efectos de la guerra son catastróficos. Con el desarrollo de la tecnología, las guerras más destructivas tuvieron lugar en el siglo XX: en la II Guerra Mundial (1939-1945) murieron unos 60 millones de personas.

FUERZA NUCLEAR DISUASORIA

Tras la II Guerra Mundial, en 1945, se inició la Guerra Fría entre los bloques capitalista y comunista. Fue un periodo de tensa rivalidad caracterizado por las demostraciones de poderío militar y la carrera armamentística nuclear entre Estados Unidos y la Unión Soviética. Se evitaron los combates directos. No obstante, la Guerra Fría dio lugar a la política de posesión de armas nucleares para disuadir a unos países de atacar a otros por temor a represalias devastadoras. En 1968, más de 60 Estados firmaron el Tratado de No Proliferación Nuclear con el propósito de reducir el número de armas nucleares. En 2016, 191 Estados habían suscrito el tratado,

La Carta de las Naciones Unidas estipula que la fuerza militar solo puede usarse en defensa propia o con la aprobación del Consejo de Seguridad. En la Guerra de Corea (1950-1953), la intervención de fuerzas internacionales para ayudar a Corea del Sur a repeler la invasión norcoreana fue avalada por la ONU. En cambio, en la Guerra de Vietnam (1954-1975), el apoyo de Estados Unidos al Gobierno de Vietnam del Sur en la contienda contra el régimen comunista de Vietnam del Norte no tuvo la aprobación de la ONU. Aún no ha cesado la controversia.

PACIFISMO

El pacifismo es la oposición a la guerra y la violencia. Como muchas ideas, puede interpretarse de varias maneras. Puede basarse en principios morales (lo justo y lo injusto) o en la visión pragmática de que el coste de la violencia es tan elevado que las disputas siempre deberían resolverse de manera pacífica. Los pacifistas absolutos sostienen que el valor de la vida humana hace que no existan circunstancias que puedan justificar la guerra. Los pacifistas relativos aceptan el uso de la violencia física en defensa propia y en caso de invasión. Los pacifistas selectivos establecen una distinción entre la guerra, a la que no se oponen totalmente, y el armamento; pueden justificar un conflicto pero oponerse al uso de armas de destrucción masiva, sean nucleares, químicas o biológicas. Los objetores de conciencia se niegan a luchar en tiempos de guerra aduciendo libertad de conciencia. La Campaña para el Desarme Nuclear, fundada en el Reino Unido en 1957, persigue la abolición de las armas nucleares y químicas.

pero países como la India, Paquistán o Israel no lo habían hecho. Corea del Norte se retiró del acuerdo en 2003 e Irán ha sido sancionado por incumplirlo.

SOLO SI ES NECESARIO

Las guerras y el uso de la fuerza militar suelen verse como el fracaso de la política y la diplomacia para mantener la paz. Las normas que regulan las relaciones internacionales se conocen como derecho internacional. La Organización de las Naciones Unidas (ONU), fundada en 1945, es responsable del mantenimiento de la paz en el mundo.

LA GUERRA DE IRAK

2003

Una coalición liderada por Estados Unidos invadió Irak en marzo de 2003 con el fin de desarmar el país y liberar a su pueblo del régimen represor de Saddam Hussein. Tras 43 días se declaró la «misión cumplida», pero la invasión ha sido muy criticada.

Saddam Hussein presidía una brutal dictadura en Irak desde 1979. En 1990 su Ejército invadió el vecino país de Kuwait, rico en petróleo. La Organización de las Naciones Unidas (ONU) respaldó una acción militar para forzar su retirada. Tras la derrota de Irak, la ONU ordenó la destrucción de todas sus armas de destrucción masiva: químicas, biológicas y nucleares. Irak se mostró reacio a cooperar.

Tras los atentados de 2001, la política exterior estadounidense se endureció. El presidente George W. Bush afirmó que las trabas iraquíes a las inspecciones de la ONU eran una amenaza para el mundo. En 2003 el Reino Unido publicó un informe que afirmaba que Irak aún tenía armas de destrucción masiva. El informe sería refutado más adelante.

En marzo de 2003, sin el respaldo de la ONU —y a pesar de las protestas de millones de personas–, Estados Unidos, el Reino Unido y otros países invadieron Irak. Se siguió combatiendo mucho tiempo después de que Bush proclamara la victoria debido a una violenta insurgencia. En la década siguiente cientos de miles de civiles murieron, cayeron heridos o perdieron sus hogares. La guerra suscitó un acalorado debate sobre la legalidad de las intervenciones militares.

La caída de un tirano

Soldados de la coalición derriban una estatua de Saddam Hussein en Bagdad en abril de 2003. Saddam fue capturado en diciembre de 2003, juzgado y ahorcado en 2006.

«Saddam ya no está,
pero en su lugar tenemos
1000 saddams».

KADHIM AL JABBOURI (N. 1952)
Ciudadano iraquí que derribó una estatua de Saddam, en una
entrevista en 2016, tras una década de agitación política y guerra

«Se ha dicho que protestar contra la globalización es como protestar contra la ley de la gravedad».

KOFI ANNAN (1938-2018)
Diplomático ghanés, secretario general de la ONU y premio Nobel de la Paz en 2001

LA GLOBALIZACIÓN es...

LA CRECIENTE RED MUNDIAL DE CONEXIONES INTERDEPENDIENTES ENTRE PERSONAS, GOBIERNOS Y NEGOCIOS

VER TAMBIÉN:

← **Liberalismo**
páginas 50-51

← **Capitalismo**
páginas 52-53

← **Neoliberalismo**
páginas 56-57

← **Multiculturalismo**
páginas 116-117

→ **Organizaciones internacionales**
páginas 146-147

En un pasado no muy lejano cada país tenía su propia economía, cultura y política. Sus industrias eran locales, igual que sus propietarios. Producían su propia música y literatura y a sus políticos les preocupaban los asuntos locales y nacionales. Cada país tenía su propio carácter.

Hoy muchos aspectos de la vida tienen alcance e impacto global, lo cual lleva a la homogeneización de la vida en el mundo. Por ejemplo, la cadena de comida rápida McDonald's está presente en más de 100 países y sus hamburguesas saben igual en todos ellos. Grandes compañías operan en todo el planeta; la moda, la música y el cine cruzan fronteras; la política transnacional influye en todo el mundo. Es lo que se conoce como globalización.

UN MUNDO QUE SE ESTRECHA

Uno de los primeros que escribieron sobre la globalización fue el sociólogo Roland Robertson. En 1992 la definió como «la compresión del mundo y la intensificación de la conciencia del mundo como un todo». En 2000, el Fondo Monetario Internacional, una organización que promueve la cooperación financiera entre naciones, dijo que existen cuatro elementos globalizadores: el comercio y las transacciones, el movimiento de capital e inversión, la migración de personas y la difusión del conocimiento. A estos factores puede añadirse la globalización del medio ambiente debida al calentamiento global, a la contaminación transfronteriza y a la sobrepesca en los océanos.

ECONOMÍA GLOBAL

La extensión del libre comercio y el desarrollo de los negocios internacionales a finales del siglo XX crearon una economía global. Para intensificar el fenómeno, esa economía global se ha visto alimentada por la innovación tecnológica, en particular por el desarrollo de la informática e Internet. Las compañías punteras operan en el ámbito internacional. Las cinco gigantes tecnológicas estadounidenses –Facebook, Apple, Amazon, Netflix y Google– ejercen tal dominio que son conocidas en conjunto como FAANG. Algunas compañías globales valen más que las economías de ciertos países. Están radicadas en Estados con impuestos relativamente bajos, lo que hace que sus beneficios sean aún mayores. Los servicios que proporcionan son los mismos en todos los países, envolviendo así el mundo en un gran paquete tecnológico.

IMPACTO POLÍTICO

La globalización ha tenido un gran impacto en la política. La libertad económica y la difusión de ideas han facilitado que la democracia liberal sea hoy la principal forma de gobierno en el mundo. Algunos críticos afirman que la globalización está llevando a la extinción de las políticas nacionales y a la irrelevancia del Estado. Ha habido también una reacción contra las uniones supranacionales (confederaciones de dos o más naciones). La decisión del Reino Unido de abandonar la Unión Europea, aprobada por la mayoría de la población del país en un referéndum en 2016, estuvo motivada en parte por un deseo de reconstruir la singularidad y la soberanía nacionales ante la globalización.

ACEPTAR O RESISTIR

La globalización ha aportado prosperidad y avances tecnológicos a algunos países. Ha permitido a las personas emigrar para conseguir trabajos mejor remunerados. También ha generado un intercambio cultural por el cual los países desarrollados cada vez reciben más influencias culturales de países menos desarrollados (igual que al contrario, lo cual antes era la norma). Pero hay inconvenientes. La subcontratación de servicios en países con salarios más bajos reduce costes a las empresas, pero también reduce la oferta de empleo en los países ricos y obliga a bajar los salarios. Los detractores de la globalización alertan sobre las actitudes capitalistas, contrarias a los valores comunitarios, y sobre la creciente desigualdad salarial debida al movimiento global de capital.

EL ÉXODO ROHINYÁ

AGOSTO DE 2017

Nunca antes tanta gente había vivido en países distintos a donde nacieron. Algunos migrantes se desplazan en busca de mejores oportunidades económicas, pero muchos huyen de la guerra, la opresión y los desastres naturales.

Los rohinyá, musulmanes en su mayoría, llevan generaciones viviendo en Myanmar, pero este país budista les niega la ciudadanía. Además de sufrir discriminación y persecución durante décadas, los rohinyá han sido obligados a huir de sus hogares. En 2017, una operación militar causó miles de víctimas mortales y desencadenó el éxodo de más de 750 000 personas a Bangladesh. La Organización de las Naciones Unidas (ONU) lo calificó de limpieza étnica (eliminación de una etnia o grupo religioso de una región), uno de los crímenes más graves según el derecho internacional.

Los rohinyá –muchos hambrientos y enfermos– huyeron a pie hasta hallar refugio en campamentos improvisados y masificados. Los principales están gestionados por la ONU y el Gobierno bangladesí con la ayuda de varias ONG. A pesar de disponer de comida, agua, medicamentos y educación para los niños, los refugiados están expuestos a enfermedades, violencia y tráfico de personas.

Bangladesh es un país pobre y superpoblado y su población está en riesgo de desplazamiento por el ascenso del nivel del mar y las tormentas que conlleva el cambio climático. Los bangladesíes han acogido a los rohinyá, pero el bienestar futuro de los refugiados es un reto.

Huyendo para salvar la vida ▶

Un grupo de rohinyá cruza el río Naf desde Myanmar a Bangladesh en octubre de 2017. Se dirigen a campamentos de refugiados ya desbordados por el éxodo.

«Primero queremos que nos garanticen la ciudadanía y que nos llamen rohinyá; entonces podremos volver».

RUHUL AMIN
Refugiado rohinyá hablando de su familia, de nueve miembros

> «Si no queremos morir juntos en la guerra, debemos aprender a vivir juntos en paz».
>
> **HARRY S. TRUMAN (1884-1972)**
> Presidente de Estados Unidos, en una conferencia fundacional de la ONU

LAS ORGANIZACIONES INTERNACIONALES son...

INSTITUCIONES QUE PROMUEVEN Y APOYAN LA COOPERACIÓN Y EL ENTENDIMIENTO ENTRE LOS DIFERENTES ESTADOS DEL MUNDO

Las organizaciones internacionales son organismos constituidos entre tres o más Estados para abordar asuntos como la paz, la seguridad, el comercio, los recursos o el medio ambiente. Se rigen por tratados u otros acuerdos formales y están sujetas al derecho internacional. Muchas trabajan para mejorar la vida de las personas, sin importar sus diferencias raciales, sociales o nacionales.

TRABAJO EN COMÚN

Una de las primeras organizaciones internacionales fue la Sociedad de las Naciones, fundada en 1920 tras el horror de la I Guerra Mundial. Su fin era promover la paz en el mundo y consolidar la idea fundamental de que la guerra es un crimen. Sin el concurso de Estados Unidos y otros Estados importantes, la Sociedad de las Naciones fracasó y estalló la II Guerra Mundial en 1939. No obstante, sirvió de modelo para la Organización de las Naciones Unidas (ONU), fundada en 1945. Hoy representa a casi todos los países del mundo y trabaja por la paz, los derechos humanos, el medio ambiente y el desarrollo económico. Entidades como la Organización Mundial de la Salud (OMS) y el Fondo de las Naciones Unidas para la Infancia (Unicef) son órganos de la ONU. La OMS trabaja para mejorar el suministro de medicamentos y reducir los brotes de enfermedades como el ébola, el cólera y el sida.

ORGANIZACIONES REGIONALES

No todas las organizaciones son globales. La Unión Europea (UE) aglutina a 27 Estados en un espacio político y comercial común. Y la Organización del Tratado del Atlántico Norte (OTAN) une a 29 países europeos y norteamericanos en una alianza para la defensa mutua.

Hay muchas otras organizaciones regionales en el mundo. La Unión Africana (UA), por ejemplo, promueve la cooperación entre Estados africanos y protege los intereses africanos en el comercio internacional.

ORGANIZACIONES NO GUBERNAMENTALES

Una organización no gubernamental (ONG) es un organismo independiente de cualquier gobierno que suele operar sin ánimo de lucro. Muchas llevan a cabo labores humanitarias en lugares donde no llegan los gobiernos, como las zonas de guerra. El Comité Internacional de la Cruz Roja (CICR) se fundó en Suiza en 1863 para asistir a los soldados heridos en el campo de batalla. Hoy se rige por los cuatro Convenios de Ginebra, que establecen cómo deben ser tratados los militares y los civiles en la guerra. Médicos Sin Fronteras, fundada en 1971, también presta asistencia médica en las zonas de combate. No todas las ONG son de naturaleza humanitaria. El Comité Olímpico Internacional, por ejemplo, trabaja por construir un mundo mejor a través del deporte.

PUNTOS DÉBILES

Las diferentes ambiciones de los países hacen que alcanzar un consenso o pasar a la acción sea un reto para cualquier organización internacional. Por ejemplo, a los Estados miembros de la ONU les ha sido difícil llegar a acuerdos sobre el cambio climático. Esta organización siempre ha sido tachada de ineficiente y costosa. Sus poderes son limitados y existe un gran desequilibrio y división entre sus miembros. No obstante, debido en parte a las iniciativas de paz de la ONU, el número de víctimas de guerra ha descendido desde 1946 y hoy muere de hambre menos gente que en el siglo XX.

DIRECTORIO

SALVADOR ALLENDE (1908-1973)

Médico y político socialista chileno, fue presidente de Chile (1970-1973). Su gobierno y su vida terminaron abruptamente con un golpe de Estado militar el 11 de septiembre de 1973. Ese mismo día, después del bombardeo al Palacio deLa Moneda, Allende se suicidó. Tras el golpe militar, el general Augusto Pinochet impuso una dictadura militar que duró hasta 1990.

HANNAH ARENDT (1906-1975)

Tras abandonar su Alemania natal en la década de 1930 para huir del nazismo, la filósofa política Hannah Arendt se estableció en Estados Unidos. Sus textos políticos ocasionaron controversia. En uno de los más importantes, *Los orígenes del totalitarismo* (1951), examinó sistemas de gobierno como el comunismo y el fascismo.

ARISTÓTELES (c. 384-322 a.C.)

Este filósofo griego creó un sistema para dar un orden lógico al mundo que incluía la categorización de las diferentes formas de gobierno. Su clasificación de la monarquía, la tiranía, la aristocracia, la oligarquía (gobierno de los ricos) y la democracia sigue siendo reconocible.

MANUEL AZAÑA DÍAZ (1880-1940)

Político, escritor y periodista español, fue presidente de la Segunda República entre 1936 y 1939. Aplicó profundas reformas durante su mandato. Antes de finalizar la Guerra Civil se exilió a Francia, donde murió poco tiempo después.

GEORGE W. BUSH (n. 1946)

43.º presidente de Estados Unidos (2001-2008). En su primer año en el cargo se produjeron los ataques terroristas del 11-S. Su controvertida respuesta, declarando la «guerra al terror» y enviando tropas a Irak y Afganistán, dividió a la opinión pública mundial.

JUDITH BUTLER (n. 1956)

Esta socióloga, filósofa y activista por los derechos humanos lleva décadas ejerciendo una importante influencia en las políticas feministas y de género. En su revolucionario libro *El género en disputa* (1990) cuestiona los conceptos tradicionales de masculinidad y feminidad.

SIMONE DE BEAUVOIR (1908-1986)

Esta escritora, filósofa y activista política de izquierdas francesa es más conocida como defensora de los derechos de las mujeres. Su libro *El segundo sexo* (1949), que expone cómo las mujeres están atrapadas en roles subalternos en un mundo dominado por los hombres, sigue influyendo en el feminismo del siglo XXI.

OLYMPE DE GOUGES (1748-1793)

Esta activista política, feminista, dramaturga y aristócrata francesa defendió con vigor los derechos de las mujeres y la abolición de la trata de esclavos. Durante la etapa conocida como el Terror, en la Revolución Francesa, De Gouges fue acusada de criticar al gobierno y murió en la guillotina.

ALEXIS DE TOCQUEVILLE (1805-1859)

Cuando el político, diplomático e historiador francés Alexis de Tocqueville visitó Estados Unidos, en 1831, le impactó ver cómo la democracia y la igualdad habían avanzado más que en Europa. Expuso sus ideas en un famoso libro, *La democracia en América* (1835). Aunque creía en una sociedad sin clases, desconfiaba del socialismo porque pensaba que crearía nuevas divisiones sociales.

FRIEDRICH ENGELS (1820-1895)

Junto a Karl Marx, el filósofo germano Friedrich Engels fue uno de los fundadores del comunismo. Ambos pensaban que los obreros estaban explotados por sus patronos capitalistas. Engels y Marx escribieron el *Manifiesto comunista* (1848), que vaticinó una gran revolución en Europa.

FRANCISCO FRANCO (1892-1975)

En 1936, este general del Ejército español lideró el golpe de Estado contra el Gobierno de la Segunda República, lo que desencadenó el estallido de la Guerra Civil. Al terminar la guerra, en 1939, Franco gobernó España como dictador hasta su muerte, en 1975.

BENJAMIN FRANKLIN (1706-1790)

Este estadista, científico e inventor estadounidense desempeñó un papel esencial en la creación de Estados Unidos. Participó en la Declaración de Independencia de 1776 tras pasar muchos años en Inglaterra tratando de resolver las diferencias entre Gran Bretaña y las colonias americanas.

BETTY FRIEDAN (1921-2006)

Cuando la escritora y activista estadounidense Betty Friedan publicó *La mística de la feminidad,* en 1963, animó a muchas mujeres a lograr sus metas más allá del hogar. Luchó por los derechos de la mujer y fue cofundadora de la Organización Nacional de Mujeres.

MILTON FRIEDMAN (1912-2006)
Este economista estadounidense, figura clave de la política monetaria de su país, es conocido por sus teorías sobre el capitalismo de libre mercado. Bajo este sistema, la oferta y la demanda dependen de acuerdos entre individuos y el control gubernamental es mínimo, si lo hay.

JOHN KENNETH GALBRAITH (1908-2006)
Este economista canadiense pasó la mayor parte de su vida en Estados Unidos, donde combinó su carrera académica con una activa labor política. En una de sus obras más importantes, *La sociedad opulenta* (1958), Galbraith criticó la obsesión americana por gastar dinero en bienes de consumo por medio de las entidades financieras.

MAHATMA GANDHI, VER PP. 130-131

MARCUS GARVEY (1887-1940)
El activista político jamaicano Marcus Garvey se comprometió con el movimiento Back-to-Africa en Estados Unidos para animar a los afroamericanos a regresar a su tierra natal. En 1922 fue condenado a cinco años de cárcel por fraude. Tras ser deportado a Jamaica se mudó a Inglaterra, donde permaneció hasta su muerte.

EMMA GOLDMAN (1869-1940)
Esta activista anarquista nació en Lituania y en 1885 emigró a Estados Unidos, donde luchó por causas como la libertad de expresión y la igualdad de las mujeres. En 1919 se le revocó la nacionalidad estadounidense por ser sospechosa de actividades subversivas. Tras ser deportada a Rusia, Emma Goldman siguió siendo una rebelde en el exilio y vivió en Suecia, Alemania, Francia, Inglaterra y Canadá.

ANTONIO GRAMSCI (1891-1937)
El marxista italiano Antonio Gramsci fue el fundador, y líder por algún tiempo, del Partido Comunista Italiano. En 1926, el régimen de Mussolini declaró ilegal el partido y encarceló a Gramsci. Pasó en prisión gran parte del resto de su vida escribiendo sobre sus teorías políticas.

CHE GUEVARA, VER PP. 106-107

ALEXANDER HAMILTON (c. 1755-1804)
Este político, jurista y estadista, nacido en la isla caribeña de Nieves, fue uno de los padres fundadores de Estados Unidos. Hizo la carrera militar y participó en la guerra de Independencia antes de dedicarse a la política. Hamilton desempeñó un papel clave en la creación de la Constitución estadounidense.

THOMAS HOBBES (1588-1679)
El filósofo inglés Thomas Hobbes fue un pionero del pensamiento político. Creía que la monarquía absoluta era la única forma de gobierno capaz de garantizar una sociedad ordenada. Plasmó sus teorías en la influyente obra *Leviatán* (1651).

BELL HOOKS (n. 1952)
La escritora y activista social afroamericana Gloria Watkins, que adoptó el seudónimo de bell hooks (en minúsculas), fue una de las primeras feministas que hablaron de la interseccionalidad. Según este concepto, la opresión que sufre la mujer no se debe solo a su género, sino también a factores como la raza y la clase social.

PABLO IGLESIAS POSSE (1850-1925)
Fundador del Partido Socialista Obrero Español (PSOE) y de la Unión General de Trabajadores (UGT), fue un político español de ideología marxista. En 1890 el PSOE participó por primera vez en unas elecciones y en 1910 consiguió su primer diputado.

THOMAS JEFFERSON (1743-1826)
Jefferson, uno de los padres fundadores de Estados Unidos y tercer presidente del país, fue el autor principal de la Declaración de Independencia, leída en público por primera vez en julio de 1776 como anuncio formal de que las colonias americanas se proponían liberarse del dominio británico.

JOHN MAYNARD KEYNES (1883-1946)
Pocos economistas del siglo XX causaron tanto impacto como el académico británico John Maynard Keynes. Según su famosa teoría, para estimular la economía, los gobiernos deben gestionar la tributación y el gasto público de manera que se incremente la demanda de productos y servicios.

MARTIN LUTHER KING, JR (1929-1968)
Este pastor afroamericano lideró el movimiento por los derechos civiles en Estados Unidos desde 1955 hasta su asesinato, en 1968. King encabezó algunas de las mayores manifestaciones y marchas jamás vistas en el país e instó a sus partidarios a emplear métodos de protesta pacíficos. Ganó el Premio Nobel de la Paz en 1964, año en que la Ley de Derechos Civiles ilegalizó la discriminación racial en Estados Unidos.

LENIN (1870-1924)

El revolucionario ruso Vladímir Ilich Uliánov, apodado Lenin, encabezó la revolución que derrocó al zar en 1917. Como líder de los bolcheviques, tomó el mando del Gobierno de Rusia ese mismo año. Un intento de asesinato en 1918 lo dejó en un delicado estado de salud el resto de su vida. En 1922 fundó la Unión Soviética, el primer Estado comunista del mundo. A su muerte lo sucedió Iósif Stalin.

ABRAHAM LINCOLN (1809-1865)

El primer presidente republicano de Estados Unidos se opuso firmemente a la esclavitud. Su elección en 1861 llevó a los Estados esclavistas del sur a romper la Unión y formar la Confederación. Siguieron cuatro años de guerra civil. En 1863, después de que los Estados unionistas vencieran en la decisiva batalla de Gettysburg, Lincoln pronunció un histórico discurso, en el que habló de igualdad y libertad en una nación unida.

JOHN LOCKE (1632-1704)

Este filósofo inglés introdujo el principio del liberalismo: la teoría de que el propósito del gobierno debe ser hacer leyes para salvaguardar la libertad y la igualdad de los ciudadanos. Sus *Dos tratados sobre el gobierno civil* (1689) sentaron las bases del cambio de poder político de la monarquía al parlamento.

ROSA LUXEMBURGO (1871-1919)

Esta revolucionaria marxista nació en Polonia y adquirió la ciudadanía alemana. Desde su idealismo apoyó las huelgas obreras para derribar el capitalismo. También fundó la Liga Espartaquista, precursora del Partido Comunista de Alemania. Debido a su implicación en actividades políticas clandestinas en Berlín fue detenida y asesinada por el Ejército alemán.

NELSON MANDELA, VER PP. 34-35

MAO ZEDONG (1893-1976)

Mao, uno de los emblemas más potentes del comunismo, instauró la República Popular de China en 1949. Tras derrotar a las fuerzas nacionalistas con su Ejército Popular de Liberación, sentó las bases de la China moderna. Aunque como presidente del Estado realizó esperados cambios en el sistema de gobierno chino, sus brutales métodos provocaron millones de muertes.

NICOLÁS MAQUIAVELO (1469-1527)

Este político y filósofo italiano del Renacimiento escribió un famoso tratado político, *El príncipe* (1532), en el que explicó qué debía y qué no debía hacer un líder para asegurarse el éxito. El adjetivo maquiavélico se usa hoy para calificar el comportamiento de las personas, en especial los políticos, que emplean cualquier medio para lograr sus fines.

KARL MARX, VER PP. 44-45

JOHN STUART MILL (1806-1873)

Para este político y economista británico, en una sociedad saludable el individuo debe ser libre para hablar y actuar, siempre que no cause daño a otros. Su libro *Sobre la libertad* (1859) tuvo una gran influencia en el pensamiento liberal. Mill defendió los derechos de la mujer, algo inusual en su época. Su esposa, Harriet Taylor Mill, que compartía sus convicciones, aportó muchas ideas a sus obras.

MONTESQUIEU (1689-1755)

El filósofo político francés Charles-Louis de Secondat, barón de Montesquieu, tenía ideas innovadoras sobre las constituciones (leyes que controlan el poder político). Creía que las monarquías y las repúblicas corrían el riesgo de convertirse en tiranías a menos que las restringieran los poderes legales. En *El espíritu de las leyes* (1748) trató complejos asuntos políticos y jurídicos.

BENITO MUSSOLINI (1883-1945)

En 1919, Benito Mussolini formó el Partido Nacional Fascista y en poco tiempo se hizo con el poder en Italia. En 1925 se hizo llamar Duce (guía o líder) e instauró una dictadura con un control total del gobierno. Tras la derrota de Italia por las fuerzas aliadas en la II Guerra Mundial, Mussolini huyó pero fue capturado y ejecutado por sus compatriotas.

BARACK OBAMA (n. 1961)

Primer presidente afroamericano de Estados Unidos que estuvo en el cargo de 2009 a 2017. Su éxito fue limitado. Introdujo el Obamacare, un programa de atención sanitaria asequible. En un intento de reducir las hostilidades en el mundo, ordenó la retirada de miles de soldados de las zonas de guerra de Irak y Afganistán. No obstante, las fuerzas militares estadounidenses permanecieron desplegadas en varios países durante su presidencia.

GEORGE ORWELL (1903-1950)

El escritor socialista británico George Orwell, seudónimo de Eric Blair, expresó su temor a los regímenes opresores en dos de sus obras más leídas: *Rebelión en la granja* (1945), un relato sobre la traición de los ideales comunistas narrado por animales de corral, y la aterradora *1984* (1949), ambientada en un futuro imaginario en el que el Estado (el Gran Hermano) lo controla todo. Orwell también fue un aclamado periodista, autor de multitud de ensayos.

THOMAS PAINE (1737-1809)
El activista republicano Thomas Paine nació en Inglaterra y vivió muchos años en las colonias de América. Escribió un influyente ensayo, *El sentido común* (1774), en el que apoyaba la independencia de dichas colonias. En Londres publicó *Los derechos del hombre* (1791) en defensa de la Revolución Francesa, lo cual le valió la desaprobación del Gobierno británico.

PIERRE-JOSEPH PROUDHON (1809-1865)
El famoso dicho «La propiedad es un robo» procede de *¿Qué es la propiedad?* (1840), libro del filósofo político francés Pierre-Joseph Proudhon. Este anarquista declarado creía en la libertad y la igualdad, pero reconocía que las revoluciones no siempre mejoran la vida de la gente pobre.

JOHN RAWLS (1921-2002)
El académico estadounidense John Rawls está considerado uno de los filósofos políticos y morales más influyentes de su tiempo. Su principal obra sobre el liberalismo, *Teoría de la justicia* (1970), plantea qué es necesario para crear una sociedad justa.

RONALD REAGAN (1911-2004)
Este actor de cine convertido en político republicano fue presidente de Estados Unidos de 1981 a 1989. Su política económica, popularmente conocida como Reaganomics, se basó en bajar los impuestos y recortar el estado de bienestar. Un escándalo debido a la venta de armas a Irán enturbió sus últimos años en el cargo, aunque no se demostró su implicación.

JEAN-JACQUES ROUSSEAU (1712-1778)
El filósofo y escritor Jean-Jacques Rousseau nació en Ginebra pero pasó la mayor parte de su vida en Francia. Fue cabeza visible de la Ilustración, un movimiento intelectual que cuestionó la educación religiosa y propugnó el uso de la razón. Las teorías de Rousseau sobre la libertad social han influido en el pensamiento político moderno.

EDWARD SAID (1935-2003)
Este académico y crítico literario palestino-estadounidense estuvo interesado sobre todo en la política cultural. Su famosa obra *Orientalismo* (1978) cuestiona la actitud de superioridad de Occidente hacia las culturas orientales.

ADAM SMITH (1723-1790)
Este filósofo y economista escocés introdujo el concepto de capitalismo como un sistema político en el que la industria y el comercio están gestionados por propietarios privados con fines lucrativos. En *La riqueza de las naciones* (1776) afirmó que un mercado sin restricciones gubernamentales es el que mejor sirve a los intereses de un país.

IÓSIF STALIN (1878-1953)
Este revolucionario comunista se convirtió en líder de la Unión Soviética en 1929 y gobernó con mano de hierro hasta su muerte. Su política de colectivizaciones, que obligó a los campesinos a ceder sus tierras, provocó revueltas y hambrunas. Durante su dictadura, millones de personas murieron o desaparecieron, acusadas de delitos contra el Estado.

MARGARET THATCHER (1925-2013)
La política conservadora Margaret Thatcher fue la primera mujer que ejerció el cargo de primera ministra en el Reino Unido. Lo hizo tres mandatos, de 1979 a 1990. Creía firmemente que el comercio y la industria deben ser capaces de operar sin el control del gobierno, una filosofía que acabó siendo conocida como Thatcherismo.

LEÓN TROTSKI (1879-1940)
Este revolucionario marxista ruso se unió a la izquierda bolchevique en 1917, poco después del derrocamiento del zar. Sirvió en el nuevo régimen, primero en asuntos exteriores y después como comisario de guerra. Debido a su impopularidad en el Partido Comunista, fue expulsado y se exilió en México, donde murió asesinado por orden de Stalin.

FRIEDRICH VON HAYEK (1899-1992)
El economista y científico social Friedrich von Hayek nació en Austria y adquirió la nacionalidad británica en 1938. Por sus pioneras investigaciones sobre las relaciones entre la política, los negocios y las fluctuaciones económicas se le concedió el Premio Nobel de Economía en 1974.

GEORGE WASHINGTON (1732-1799)
Comandante en jefe del Ejército Continental y héroe de la guerra de Independencia de Estados Unidos, George Washington fue el primer presidente electo del país, cargo que ocupó de 1789 a 1797. Participó en la redacción de la Constitución estadounidense y fue el primero en firmarla.

MAX WEBER (1864-1920)
El economista Max Weber está considerado el fundador de la sociología actual. En su obra *La ética protestante y el espíritu del capitalismo* (1905) examinó la ética laboral que tienen en común el protestantismo y el capitalismo, cuyo producto final es, en el primer caso, la recompensa espiritual, y en el segundo, la ganancia monetaria.

MARY WOLLSTONECRAFT, VER PP. 90-91

GLOSARIO

abogar
Defender o recomendar públicamente una política o acción concreta.

absolutismo
Forma de gobierno en la que una persona o un grupo político tiene un control absoluto sobre todas las cosas.

acoso
Comportamiento no solicitado ni deseado que hace sentirse intimidada, amenazada u ofendida a una persona.

-arquía/-cracia
Las palabras terminadas en -arquía o -cracia designan formas de gobierno, como la monarquía o la democracia.

asamblea legislativa
Grupo de personas encargadas de elaborar leyes para un Estado o una ciudad.

asimilación
Proceso por el cual personas cuyos orígenes étnicos y culturales son diferentes de los de la mayoría asumen gradualmente características del grupo dominante.

austeridad
Conjunto de medidas introducidas por un gobierno para reducir el déficit presupuestario. Incluyen recortes en el gasto público y subidas de impuestos.

autocracia
Forma de gobierno en la que una persona o un grupo de personas ostentan todo el poder.

autonomía
Derecho al autogobierno de un Estado o territorio.

autoridad
Derecho o potestad de imponer normas a los demás.

autoritarismo
Control inflexible de un gobierno que restringe los derechos y las libertades de sus ciudadanos.

burguesía
Grupo social formado en gran medida por capitalistas de clase media.

capital
Activos financieros o de otro tipo, como tierras o inmuebles.

ciudadano/a
Persona que pertenece legalmente a un país y está amparada por sus derechos.

cívico
Relativo a una ciudad y a las personas que viven en ella.

civil
Relativo a las personas de un país, que no pertenecen a las instituciones militares o religiosas.

coalición
En un gobierno, alianza temporal de partidos políticos que suele formarse cuando ninguno de ellos ha obtenido la mayoría en unas elecciones.

confederación
Alianza de diferentes grupos de personas que trabajan en pos de objetivos políticos comunes pero conservan gran parte del control sobre sus propios territorios.

constitucionalismo
Forma de gobierno que se rige por una constitución, texto que reúne sus leyes y principios.

contrato social
Contrato entre los miembros de una sociedad y su gobierno para acordar políticas y leyes aceptables para ambas partes.

corrupción
Uso deshonesto o criminal del poder en provecho privado o político.

cultura
Costumbres, conductas y normas sociales de un país o una sociedad.

democracia iliberal
Sistema político en el que la ciudadanía elige al gobierno, pero este restringe las libertades e impide la difusión de información sobre sus acciones.

democracia liberal
Forma de gobierno democrático en la que el poder está limitado por la ley y los derechos y libertades están protegidos.

derecha
Conjunto de personas que comparten las ideologías y aspiraciones conservadoras o reaccionarias.

desobediencia civil
Rechazo pacífico a obedecer las leyes de un gobierno.

déspota
Gobernante que detenta un poder absoluto y lo usa para oprimir o atemorizar a la población.

desregulación
Cese del control gubernamental sobre negocios o industrias.

difusión
Propagación de información.

diplomacia
Arte de dirigir negociaciones internacionales entre gobiernos y sus representantes.

distopía
Sociedad imaginaria en la que, por regla general, hay alguna forma de control total sobre los ciudadanos oprimidos.

elitismo
Creencia de que la sociedad debería ser gobernada por quienes poseen más riqueza, poder y privilegios.

Estado
Territorio político y las personas que viven en él bajo el liderazgo de un gobernante, ya sea o no elegido democráticamente.

Estado nación
Estado independiente en el que la mayoría de sus ciudadanos comparten lengua y cultura.

estrategia
Plan para lograr objetivos.

ético
Conforme a las normas de comportamiento moral y legalmente aceptable.

extremismo
Adopción de opiniones políticas o religiosas extremas, en especial las que aprueban el uso de la violencia.

federación
Sistema de gobierno en el que un grupo de autoridades hace las leyes estatales pero se mantienen el poder y el autogobierno de los distintos territorios.

fundamentalismo
Estricta observancia de una religión o ideología política que no admite opiniones discrepantes.

gobierno
Control político de un Estado o una sociedad; también grupo de personas que ejerce dicho control.

grupo de interés
Conjunto formal de personas u organizaciones que trata de lograr sus fines presionando a un gobierno para que cambie sus políticas.

grupo de presión
Personas con intereses comunes que se unen para persuadir a quienes ostentan el poder para que apoyen su causa.

guerra de guerrillas
Estrategia militar de un grupo de civiles independientes contra un ejército regular. Puede incluir emboscadas, ataques por sorpresa y propaganda.

ideología
Conjunto de ideas que conforman el pensamiento de un colectivo. El socialismo y el liberalismo son ejemplos.

igualitarismo
Creencia de que todas las personas son iguales social, política y económicamente.

iliberal
Opuesto a la creencia de que las personas deben tener libertad de elección y expresión.

Ilustración
Periodo de desarrollo intelectual en la Europa del siglo XVIII en el que se cuestionaron las viejas ideas religiosas y buscaron nuevas formas de razonar.

imperio de la ley
Concepto según el cual todos los miembros de una sociedad –incluidos los que sirven en el gobierno– están sujetos a la ley.

impuesto
Tributo que exige el gobierno y se utiliza para financiar servicios públicos como la educación, la seguridad o el mantenimiento de la red viaria.

inalienable
En política, un derecho inalienable es el que no se puede donar ni transferir.

independencia
Libertad de autogobierno de un país, Estado o sociedad. Un político independiente es el que se presenta a unas elecciones sin identificarse con ningún partido político.

inmoral
Inaceptable moral o legalmente.

-ismo
Las palabras terminadas en -ismo designan conjuntos específicos de ideas políticas o ideologías, como el capitalismo, u otras convicciones, como el feminismo.

izquierda
Conjunto de personas que comparten las ideologías y aspiraciones socialistas o comunistas.

jefe de Estado
Máximo representante de un Estado. Suele desempeñar un papel simbólico, aunque en ocasiones es también el jefe del gobierno.

jefe de gobierno
Líder de un gobierno, que ostenta la máxima autoridad política.

laissez faire
Expresión francesa que significa «dejen hacer». Se refiere a una de las teorías del capitalismo según la cual un sistema económico funciona mejor sin la intervención del gobierno.

ley marcial
Ley militar que sustituye a la legislación civil en un país para mantener el orden en situaciones excepcionales.

libertarismo
Teoría que preconiza una mayor libertad para los ciudadanos de una sociedad y un menor control gubernamental.

libre mercado
Sistema económico regulado por la oferta y la demanda, sin intervención gubernamental.

lobby
Colectivo que intenta convencer a alguien con influencia política de que debe cambiarse una situación o una ley.

mandato
Orden o precepto. En política, un mandato es un encargo formal del electorado a sus representantes políticos.

manifiesto
Declaración pública de los objetivos y las intenciones de un partido político.

maoísmo
Variante del marxismo-leninismo relacionada con la teoría política de Mao Zedong, presidente del Partido Comunista de China de 1949 a 1976.

marxismo-leninismo
Variante de la teoría marxista formulada por el revolucionario y político ruso Lenin (1870-1924), que se convirtió en la ideología del Partido Comunista de la Unión Soviética.

medios de producción
Según la teoría marxista son los recursos –como fábricas, maquinaria o materiales– necesarios para producir bienes y servicios, así como la mano de obra que los usa.

monetarismo
Teoría según la cual un gobierno puede crear una economía estable controlando la emisión de dinero.

nacionalización
Adquisición de industrias o negocios privados por parte de un gobierno para que estén bajo control estatal.

nominal
Que existe solo por su nombre. Por ejemplo, un presidente nominal tiene el cargo de presidente, pero no posee todos los poderes o las funciones presidenciales.

oferta y demanda
Equilibrio entre la cantidad de bienes disponibles y el número de personas que quieren adquirirlos.

parlamento
Institución donde reside el poder legislativo. Suele estar formado por políticos electos y sus funciones incluyen el control del ejecutivo y la aprobación del gasto público.

partido político
Grupo organizado de personas que comparten las mismas ideas políticas y aspiran a tener poder político a través de sus representantes.

patriarcado
Sistema social en el cual los hombres dominan a las mujeres, detentan todo el poder político y tienen un control exclusivo de las finanzas y la propiedad.

poder ejecutivo
Órgano del gobierno responsable de ejecutar políticas según las leyes aprobadas.

poder judicial
Órgano del gobierno responsable de impartir justicia; incluye los juzgados y tribunales.

política fiscal
Forma en la que un gobierno ajusta los impuestos y el gasto público para mantener la estabilidad económica de un país.

pragmatismo
Una de las ideas clave del conservadurismo: la toma de decisiones debe ser un proceso flexible, basado en consideraciones prácticas y no en teorías.

presidente
Jefe de Estado en una república, por lo general elegido por los ciudadanos.

primer ministro
Jefe de gobierno en algunos sistemas en los que existe jefe de Estado.

privatización
Conversión de un servicio o una industria de titularidad estatal, como la sanidad o el transporte, en un negocio privado.

proletariado
Clase trabajadora según la teoría marxista.

propaganda
Información difundida para promover una causa, siempre muy parcial y a menudo engañosa.

racismo
Discriminación o prejuicios contra las personas debidos a la creencia de que su raza las hace inferiores.

radicalismo
Creencia de que las medidas extremas están justificadas para provocar cambios en la sociedad.

reaccionario/a
Que tiende a oponerse a los cambios y reformas sociales o políticas.

referéndum
Votación que convoca al electorado para que decida sobre una acción política concreta.

reforma
En política, enmienda hecha a una práctica o ley para mejorarla.

representación
Proceso por el cual se habla o actúa en nombre de alguien. Un político puede representar a un grupo de personas.

republicanismo
Teoría según la cual la república –idealmente, el Estado cuyo jefe es elegido democráticamente– es mejor forma de gobierno que la monarquía. En Estados Unidos el término significa identificación con la ideología del Partido Republicano.

sectarismo
Apoyo fanático o intransigente a un grupo político o religioso.

secularidad
Creencia de que la religión debe estar separada de las actividades políticas y los asuntos públicos en una sociedad.

sesgo
Preferencia por o prejuicio contra algo. El término se usa a menudo en relación con los medios de comunicación que se inclinan a favor de un punto de vista político u otro.

sexismo
Discriminación o prejuicios contra las personas a causa de su sexo.

sistema de clases
Organización de las personas en grupos que indican su estatus en una sociedad. La clase media y la clase trabajadora son ejemplos.

soberanía
Autoridad ejercida por el gobernante de un Estado no sujeta a control o influencia exterior.

soberano/a
Gobernante que ejerce la autoridad suprema en un país.

sociedad
Personas que forman una comunidad organizada dentro de una región o un Estado e interactúan con regularidad.

sociedad civil
Sector de la sociedad que incluye a las empresas y las organizaciones benéficas y que opera por el bien común pero no forma parte del gobierno.

sufragio
En términos políticos, derecho a votar en unas elecciones.

tiranía
Forma de gobierno según la cual una persona usa el poder en su propio interés más que por el bien común.

Unión Soviética
Nombre reducido de la URSS.

URSS
Unión de Repúblicas Socialistas Soviéticas: de 1922 a 1991, nombre de la confederación de Estados socialistas que sustituyeron al antiguo Imperio ruso zarista.

utopía
Sociedad imaginaria en la que todo es perfecto: las leyes son justas, el gobierno es equitativo y honesto, y los ciudadanos llevan modos de vida ideales.

votación
Sistema usado para elegir candidatos en unas elecciones según el cual la gente vota en secreto.

ÍNDICE

Las páginas en **negrita** remiten a las entradas principales.

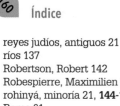

AGRADECIMIENTOS

Dorling Kindersley agradece a Steve Crozier sus retoques creativos, a Louise Stevenson su asesoramiento editorial, a Caroline Stamps la corrección de pruebas y a Helen Peters el índice.

La editorial quiere agradecer a las siguientes entidades su permiso para la reproducción de sus fotografías:

(Clave: a: arriba; b: abajo/inferior; c: centro; f: extremo; l: izquierda; r: derecha; t: superior)

12-13 Alamy Stock Photo: PNC Collection. **18-19** Getty Images: Heritage Images. **22-23** Getty Images: Alain Dejean. **28-29** Alamy Stock Photo: dpa picture alliance. **34** Getty Images: Media24 / Gallo Images (t). **35** Alamy Stock Photo: Oistein Thomassen. **38** Alamy Stock Photo: Zoonar GmbH. **44** Alamy Stock Photo: Shawshots (t). **45** Alamy Stock Photo: Photo 12. **48-49** Getty Images: Bettmann.

54-55 Getty Images: Tom Stoddart Archive. **62-63** Getty Images: Print Collector. **66-67** Getty Images: NurPhoto. **68-69** Getty Images: Ulrich Baumgarten. **74-75** Alamy Stock Photo: WDC Photos. **78-79** Getty Images: Don Cravens. **86-87** Shutterstock: Jaipal Singh / EPA-EFE. **90** Alamy Stock Photo: GL Archive (t). **91** Alamy Stock Photo: Niday Picture Library. **96-97** Getty Images: SOPA Images. **106** Getty Images: AFP (t). **107** Alamy Stock Photo: Alpha Historica. **110-111** Getty Images: Sergei Supinsky. **114-115** Getty Images: Jimmy Sime. **122-123** Getty Images: Jonathan Rashad. **124** Getty Images: bjdlzx. **130** Getty Images: (t). **131** Getty Images: Dinodia Photos. **134-135** Getty Images: Lluis Gene. **140-141** Getty Images: Robert Nickelsberg. **144-145** Getty Images: Fred Dufour.

Resto de las imágenes © Dorling Kindersley

Para más información ver: **www.dkimages.com**